SPRIDE
ALL TOCHIGI ATHLETE MAGAZINE
スプライド特別号

栃木SC シーズンレビュー 2020 “不屈”

TOCHIGI SC SEASON REVIEW

栃木SC シーズンレビュー 2020“不屈”

TOCHIGI SC SEASON REVIEW

下野新聞社写真映像部

栃木SCはいかに一つになったのか？

反省を活かしたチーム作り、そして躍進。

2019年の残留争いから一転、2020年シーズンの栃木SCは一時上位に肉薄し、
最終的には10位でシーズンを終えた。ジャンプアップできた要因には
揺るぎない「一体感」が挙げられるが、それはいかにして作り上げられたのか。　鈴木康浩・文

シーズン当初から選手に一体感を強調

それは執念の全員攻撃だった。最終節のジュビロ磐田戦。勝てばクラブの歴代最高順位を更新できる大一番だった。技術に勝る磐田に2点を先行される苦しい展開だったが、選手たちは最後まで決して諦めることはなかった。

そして後半アディショナルタイム、ついに彼らはゴールをこじ開ける。前線に放り込んだボールにDF柳育崇が競り勝つと、こぼれたボールに矢野貴章が左足を投げ出し、ゴールマウスに押し込んだ。

その直後に、試合は終わった。ピッチ上で田代雅也が人目もはばからずに涙した。その田代を塩田仁史が黙って抱き寄せた。ロッカールームで多くの選手たちが目を真っ赤に染めていた。その様子に声をかけることができない田坂和昭監督も熱くなる目頭を押さえるほかなかった。

栃木SCは最終節で磐田に敗れて過去最高順位の更新はならなかった。だが、最後まで諦めない姿勢で1点を返し、試合後には涙を流すという光景はまさに今シーズンを象徴するものだった。

2020年はコロナ禍に見舞われた難しいシーズンだった。2月下旬に開幕したリーグ戦は開幕戦を消化すると、その後の緊急事態宣言により、長期の中断に入り、再開は6月下旬まで待た

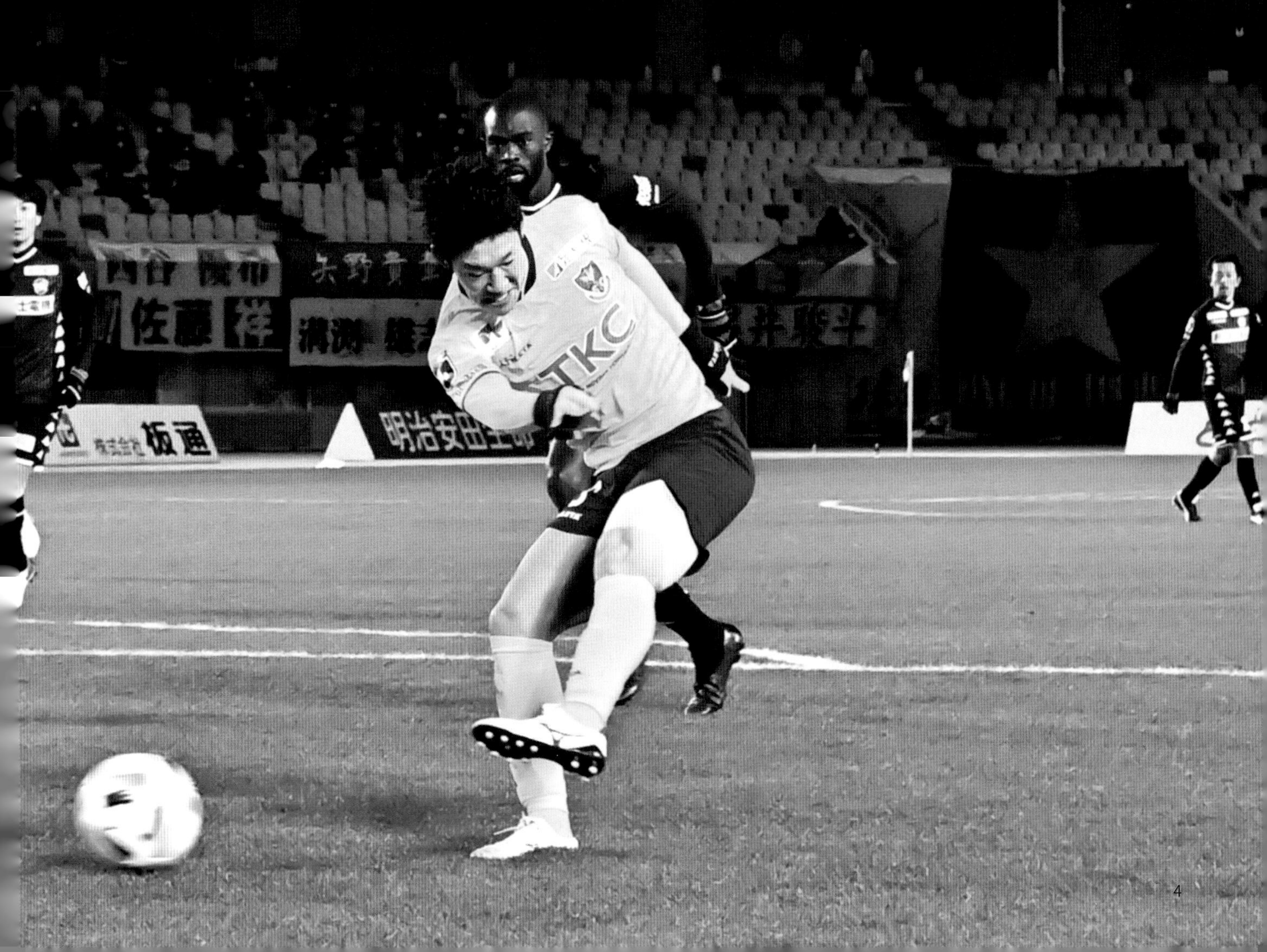

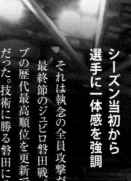

なければいけなかった。

中断期間中もチームはZoomを使用してチームミーティングを頻繁に実施した。その中で田坂和昭監督は「一体感」という言葉を何度も強調し、一つになることを選手たちに促した。年代ごとにグループを作って互いに会話しやすい場を設け、選手同士が内面をできるだけさらけ出すように仕向けた。

5月に入り、チーム活動が再開したとき、練習グラウンドでは厳しいフィジカルトレーニングが実施される日が続いたが、その雰囲気には活気があった。その中心にいたのはエスクデロ競飛王だった。彼が練習中にいの一番に声を出し、例えば、若手選手に「○○、いこうよ！　いこうよ！」と大声で〝振る〟と、若手選手が何らかのリアクションをする光景があった。若手選手が恥ずかしがる対応を見せれば、周りが乗っかるように茶化して盛り上げる。チームの雰囲気の良さが伝わるそれだった。エスクデロが言った。

「声を出すことを恥ずかしがる選手もたくさんいます。1番良くないのは、例えば、僕が明本と仲が良いから明本だけを鼓舞するとか、1人、2人の単位でやってしまうこと。そうではなくてチーム全体を巻き込むことが大事なんです。クラブハウスのロッカー内でも同じです。例えば、僕が誰かが嫌いだから話さないとか、絡まないとかではなく、全員に同じように接していく。それは、練習生だろうが、高校生だろうが関係ありません。全員に接す

ることで、チームが一つになる。『俺は声を出さないよ』『そういうことをやらないよ』というスタンスの選手に対しても同じようにやるから、その選手も声を出さないといけなくなる（笑）。でも、声を出すことで『こういうのもあるんだ』と気付いてくれる。今季は、昨季のチームの雰囲気などを色々と聞いていたので、そこを1番に意識しました。チーム全体を巻き込めたからこそ、こういうチームの雰囲気ができたと思っています」

チーム一の明るい性格で、ベテランの年齢に差し掛かったエスクデロにはそれが適役だった。

田坂監督は練習中のみならず、練習が終わるときのちょっとした時間も有効に活用しようとした。全体練習が終われば、クールダウンの時間も3人一組になって〝他愛もない〟会話をする時間を設けた。その日の全体練習を締めるときには「1分間スピーチ」とし、選手のうち一人が日替わりで全員の前に立ち、その場で自身の意見や思いを伝えた。

「選手ひとり一人がどういう考え方をしているのか。風通しの良いチームを作らないといけないと思っていたんです」

それが田坂和昭監督の狙いだった。そこには苦しみ抜いて劇的に残留した２０１９年シーズンの反省が活かされていた。

チーム作りに活かされた２０１９年の苦い記憶

選手同士のコミュニケーション不足が招いた失態だった。２０１９年、まるで一つになれないチームは30試合を過ぎても降格圏をさまよい続けた。最後の10試合、一つになれるメンバーだけで、走ること、闘うこと強調して急激に一つに団結すると、最後の10試合を4勝3分3敗という戦績で乗り切り、最終節で見事に逆転して残留を掴み取った。

最後に一つになって生き残った２０１９年。その成功体験を活かそうとしたのが２０２０年シーズンだった。オフには山口慶強化部長が掲げた「ハードワーク」を絶対的な指針とし、２０１９年シーズンの最後の10試合で見せた闘いを継承すべく、栃木がやるべきサッカーに必要な「走れて、闘える」選手たちをピックアップした。

開幕すると元日本代表の矢野貴章や、屈指のボールハンターである佐藤祥ら新戦力が期待通りの活躍を見せた。在籍3年目となった田代雅也が最後方から〝らしさ〟を如何なく発揮し、激しく闘う姿勢でチームを鼓舞し続けた。

シーズン開幕直前のキックオフパーティで田坂監督が力強く「今年は走り勝ちます！」と宣言したとおり、相手に走り勝つ戦いぶりで上位相手に肉薄していた。開幕4連勝中だった大宮アルディージャには、明本考浩の強引な突破から獲得したＰＫで決勝点をもぎとり、過去未勝利だった強敵を打ち倒した。当時9連勝中で破竹の勢いだった16節ギラヴァンツ北九州戦では西谷優希と明本のゴールで2点を先行。最後に追いつかれたが、J2屈指の注目の一戦で相手の連勝をストップした。20節ジュビロ磐田戦でも先行される苦しい展開ながら二度も追いつき、そして後半アディショナルタイムに柳が劇的に決め切って勝利を掴み獲った。

コロナ禍においてスケジュールが過密日程となり、5連戦が連続しようと、選手たちは足を止めなかった。夏場アウェイの中2日の試合だろうと、選手たちは走りに走った。「泥臭い」、「よく走る」、「最後まで諦めない」。シーズンが折り返す頃、上位に食らいつく栃木ＳＣを形容する言葉がJ2中に席巻していた。

結果的にJ1昇格を果たす徳島ヴォルティスやアビスパ福岡、3位に入るV・ファーレン長崎といったベスト3のチームには勝つことはできなかったが、リーグ屈指の堅い守備で一丸となった戦いをどの試合も貫くことができていた。大きな連敗をすることなく（最大で3連敗）、大崩れしない安定した戦いぶりは、J2復帰後の2シーズンとは明らかに違っていた。

アカデミー出身の選手が与えた内外への影響力

「県内のどこに行っても『今年のトップチームはすごいね』って言われるんですよ」

シーズンが半ばを過ぎた頃、栃木Ｓ

最後は結果こそ振るいませんでしたが、
今年1年間の選手たちの取り組みは
本当に素晴らしかった。(田代)

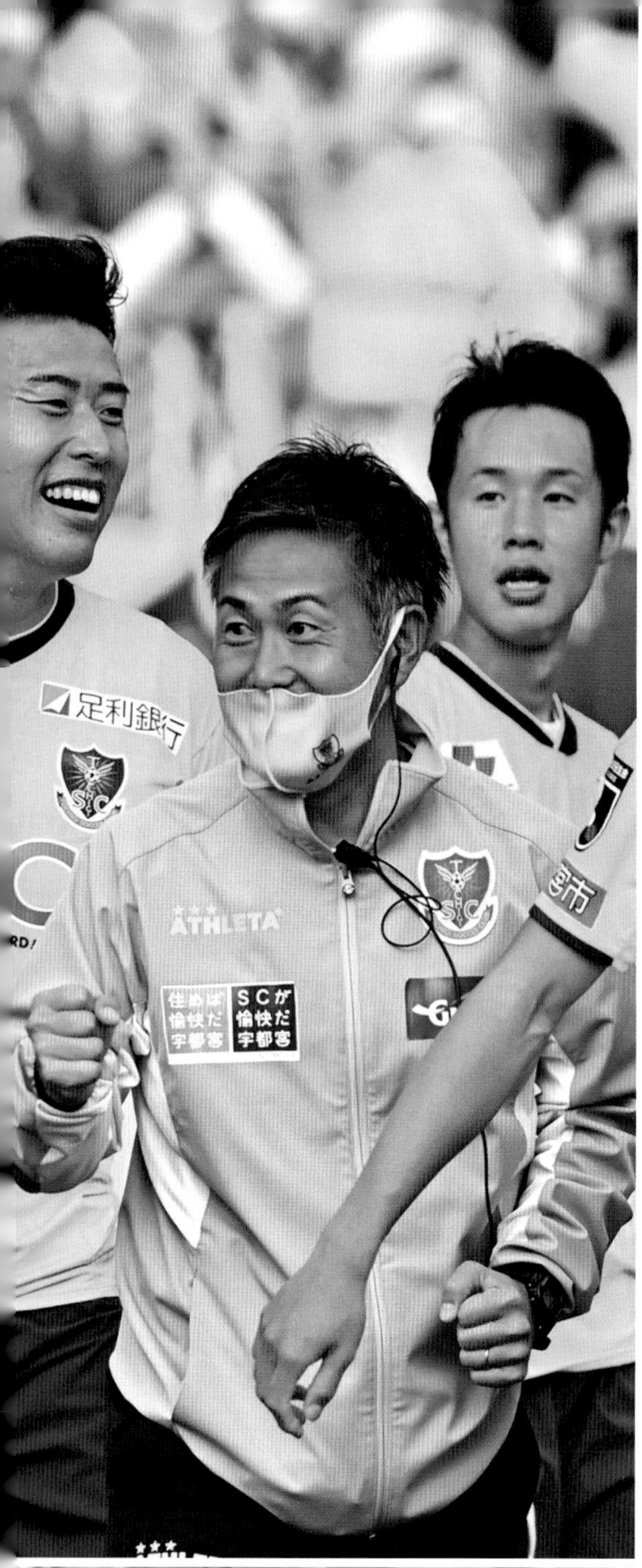

Cの只木章広育成部長が話していた。「アカデミー出身の選手たちの活躍がすごいですね」と県内のサッカー関係者たちに頻繁に声をかけられるのだと只木は喜んだ。

2020年のチームでは明本考浩、森俊貴、黒﨑隼人、山本廉といった栃木SCのアカデミー出身の選手たちが4人同時にピッチに立つことがあった。それだけではなく、ゴールやアシストなど結果にかなり絡んでいた。とりわけ、明本は開幕から群を抜く活躍を見せた。前線で攻守のダイナモとなり、90分間足を止めることなく走り回るチームの象徴として推進力をもたらし続けた。結果、明本はシーズンを通じて40試合に出場して7ゴール、8アシストを記録。これは大卒ルーキーとしてクラブ歴代トップの数字だった。森も序盤こそ最後の〝ひと押し〟の精度に泣いていたが、明本に負けじと徐々にプロのレベルに順応していった。フィジカル能力に長け、栃木のカウンタースタイルにマッチする身体の強さとスピードを兼ね備えていた。結果としてマークした5ゴール、2アシストという数字は明本に次いでルーキーが残したクラブ歴代二番目の数字だった。山本はまだ21歳ながらJ2のピッチにたちまち順応し、球際のパワーなどでむしろ上回る強さを見せた。シーズン中に決めた2ゴールはいずれもミドルレンジからのスーパーと言える鮮やかなもので、底知れないポテンシャルを示した1年だった。

彼らアカデミー出身選手たちの活躍に県内中のサッカー関係者が騒ぎ、そして栃木SCのアカデミーの子どもたちが興奮するのも自然な流れだった。練習グラウンドの空き時間には小学生の彼らが「アキモト！」「モリ！」などとトップチームで活躍する彼らの名前を連呼しながらボール遊びに興じる姿があった。「こんな光景は今までなかなかなかったから、すごいですよ」。アカデミースタッフたちが驚くほどの変わりようだったが、そんな彼らの励みになろうと、明本たちも時間を作ってはアカデミーの練習グラウンドに顔を出し、後輩たちを激励した。

明本ら栃木SC育ちの若い世代の台頭を見届けるなかで、キャプテンの菅和範は「ここで自分は身を引くべきだ」との決意をシーズン中に固めていた。栃木SCに9年間も在籍し、長くクラブを愛してきた菅だからこそ、栃木SCを心から愛し、育ってきた彼らに背中を押されるように安心してあとを任せる決断ができた。

明本らアカデミー出身の選手たちが中心となり、胸のエンブレムを強く握りしめながらチームを力強く牽引する。そこに中堅の田代雅也や佐藤祥が加勢し、キャプテンの菅、エスクデロ競飛王、塩田仁史、髙杉亮太、矢野貴章ら百戦錬磨のベテランたちが後方から

チーム全体を巻き込めたからこそ、
こういうチームの雰囲気ができたと
思っています。（エスクデロ）

バックアップする。エース級の活躍を見せた明本はルーキーながら結果を残せた理由について「栃木SCのスタッフ、監督、すべての人に恵まれたと思います。プロ1年目なのにチームメイトたちもすぐに受け入れてくれたし、自分が思うように伸び伸びとプレーさせてもらった。それが一番大きいと思っています」と振り返った。明本がJ2屈指のルーキーとして輝けたのも、栃木SCのチームとしてのまとまりの良さが後押ししていたのは間違いなかった。

シーズンが終盤戦に突入したとき、プロキャリア17年目を戦っていた塩田はみんなの前の「1分間スピーチ」で改めてこう吐露したという。

「プロを17年もやってきたけれど今年はすごく楽しいシーズンです。チームというのは選手一人ひとりのキャラクターがすごく大事で、うまくいったりいかなかったり、試合に出られたり出られなかったり、色々なことがありなが

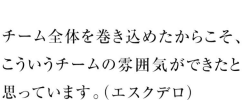

ATHLET
足利銀行
18
TKC
ATHLETA

日本公認会計士協会
TKC

TKC
TKC
8
23

現状に満足している状態であれば、
来年以降は落ちていくしかない。（塩田）

ら進んでいく中で、このチームにはネガティブな発信をする選手が一人もいなかった。そういうところがチームの一体感につながっていると思います。（矢野）貴章のように経験や実績がある選手がいて、セル君（エスクデロ）みたいに声を出してくれる人がいて。若手にも明本や森、（早乙女）達海のようにすかしている奴らもいるけれど（笑）、みんながいじられたときにすぐさまリアクションが返ってくる。今年の栃木は本当にみんなのキャラクターがいいと思います。だから、僕はやっていてすごく楽しかった。この雰囲気は今後も継続していくべきだと思っています」

塩田のスピーチに対し、皆が頷きながら耳を傾けていた。その雰囲気の中で塩田はベテランらしくこう締めくくった。

「若い選手たちにはときどき伝えてきたのですが、J2の10位前後につけている状態というのはなかなか難しいんです。『例年よりも順位がいいからよかった』という感覚ではダメだと思っていて、常にトップ5以内に肉薄する競争をしないといけないし、現状に満足している状態であれば、来年以降は落ちていくしかない。もっと貪欲にやっていかないとダメだと思っています」

塩田にはJ2で優勝し、昇格した経験が二度もあった。2020年の栃木SCにおける塩田は、一つにまとまるチームの目線を、さらに高く引き上げようとできる貴重な存在でもあった。

一丸を貫いたチーム
最後に選手たちは涙した

残り5試合を切ったときにはすでにJ1昇格の可能性は潰えていたが、チームには残りは消化試合などという雰囲気は微塵もなかった。2013年に記録したクラブ史上最高順位である9位を超えるという新たな目標に向かい、最後まで一つになろうという気概に満ちていた。41節ジェフ千葉戦に1対0で勝利すると、順位は9位に浮上。

最終節のジュビロ磐田戦に勝利あるいは引き分け以上で9位以上が達成できる状況だった。

「クラブの最高順位を更新して、引退する菅さんの花道を飾りたいという気持ちが強いです」

DFリーダー田代の思いは、皆が口にせずとも受け止めていた。このメンバーでプレーできるのもこれが最後だった。悔いのないようにすべてを出し切ろう――。チームの心はラストゲームでさらに強固に結び付いていた。

磐田との試合は一進一退だったが、試合巧者の磐田に2点を先行される苦しい展開だった。だが選手たちはシーズン中に何度も繰り返してきたように、決して諦めなかった。ボールを奪ったら前へ、前へ、と走り出す。底なしの走力。底なしの気持ちの強さ。それらを一丸となって発揮すると、迎えた後半アディショナルタイムだった。柳が競り勝つと、こぼれたボールを矢野が押し込む。全員攻撃で奪った執念のゴールで1点を返してみせた。矢野はゴールを決めた直後、メインスタンドに向かって両手で数字の「7」を作った。その先で、「闘将」を意味する背番号7を背負って闘い続けたキャプテン、菅和範が手を振って応えていた。

僅差で敗れたピッチ上で、選手たちは涙を流しながら抱き合った。最後まで一つになり、泥臭く戦い、決して諦めない。今季、自分たちが信じて貫いてきたことを彼らはラストゲームでもやり切ってみせた。

「もう二度とこのメンバーで集まることはないのでね……。でも、すごくいいチームだったと思っています。最後は結果こそ振るいませんでしたが、今年1年間の選手たちの取り組みは本当に素晴らしかった」

試合後、田代は胸を張るように前を向いた。

一体感を作ろうと努力を重ねてきたチームは、チーム作りにおいて間違いなく成功を収めてフィナーレを迎えた。今後の栃木SCがあるべき姿を示した、語り継がれるだろう2020年シーズンはこうして幕を閉じた。

「みんなが本当に一つになって頑張ってくれた」

田坂和昭 監督

**19年シーズンは最終節まで残留争いに巻き込まれる
苦しいシーズンだったが、今季は中位から
上位に肉薄する戦いぶりで、最終成績は
歴代二番目となる10位でフィニッシュした。
チームが躍進できた理由とは何か。
指揮2年目を終えた田坂和昭監督に聞いた。**

interview　鈴木康浩・文　稲葉美和・写真

最終節後に指揮官が号泣してしまった理由

――最終節の試合後のDAZNのインタビューのときに田坂監督は「このサッカーは苦しい。でもみんなが本当に一つになって頑張ってくれた……」と感極まって涙を流されていました。あのシーンが今季を象徴しているように思うのですが、振り返っていかがですか？

これは今季のホーム最終戦の挨拶でも話そうと思って話せなかったのですが、19年シーズンのホーム最終戦、残り2試合が残っていたときのホーム最終戦の挨拶で「最後の2試合に勝って必ず残留します！」という話をしました。僕にはそこからすべてがスタートした感覚があるんです。最後に2連勝して何とか残留できたときに、このサッカーが今後の栃木のベースになっていくなという感覚がありました。サポーターや周りの方々の声が僕らに入ってくるんです。「闘っているね」「走っているね」という声が。地域柄もあると思うのですが、19年シーズンの最後の戦いぶりを皆さんがすごく喜んでくれて後押ししてくださった。これが栃木のアイデンティティだと強く感じて、今年はバージョンアップさせたものを体現しようと。縦に速く攻める。奪われたら前からプレッシャーを掛けて奪い返す。そういうスタイルをどんどん構築していきました。

選手の中には「縦に速く攻めるだけではなく、もう少しボールを繋いだほうがいいのでは？」という意見もあり

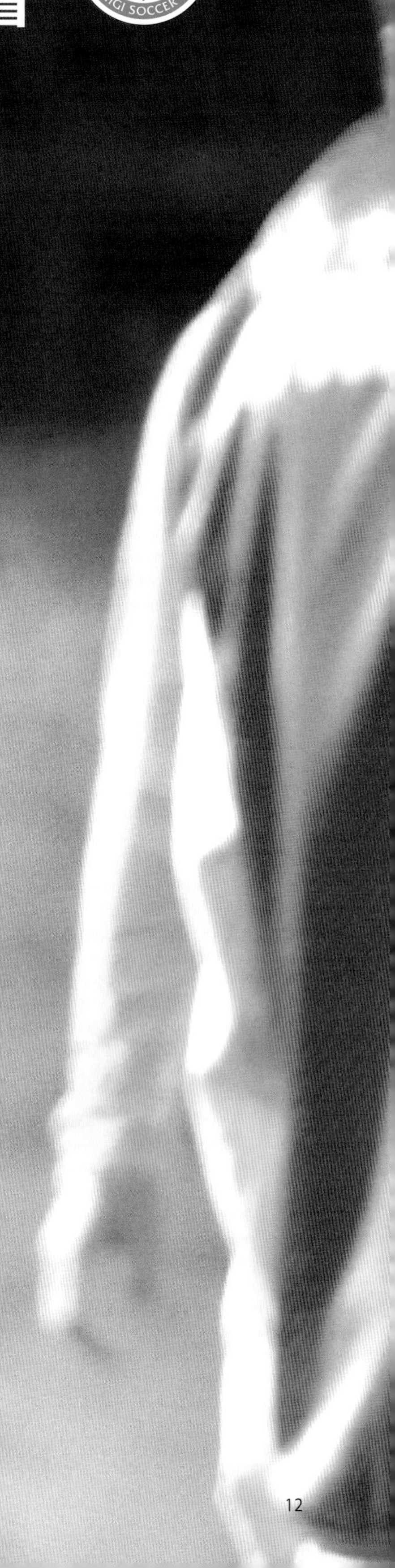

TASAKA

KAZUAKI

ましたよ。でも「今はこのやり方でいこう。なぜならば――」という説明を何度もしながらみんなで前に進んでいくなかで、選手たちが愚直にやり続けてくれたことは本当にありがたかったなと。そういう思いがあって、最終節の試合後のインタビューでは僕も言葉を詰まらせてしまったのですが、実はあの直前、ロッカールームでは選手たちが泣いていたんです。「このチームは試合に出ている選手たちだけじゃない。試合に出ていない、メンバー外の選手も一緒に闘ってくれた、彼らがチームの雰囲気を作ってくれた」と選手たちが口々に言っていて。そういう話を聞いていると1年間が走馬灯のように思い出されてしまって……。

――全選手の運動量を上げてチームのベクトルを一つにしてやり切った1年だったと思いますが、ベテランの塩田仁史選手や髙杉亮太選手たちも「こんなに一体感のあるチームはない」と驚いているほどでした。なぜこれだけの一体感が生まれたと思いますか?

interview

KAZUAKI TASAKA

それも19年シーズンから始まっていることなんです。あらゆるチーム事情を聞いてスタートした僕にとっての栃木1年目でしたが、非常に難しいミッションだと感じました。僕の大分時代の1年目とか、清水時代に途中から指揮したチーム状態と比にならないくらいでした。チームにまとまりがないし、選手がまず話をしないで、グループになってしゃべっているんです。これをどう分解して一つのグループにするのか。そこを解決しないと戦術なんて入っていかないんです。選手の気持ちをいかにオープンにするのか、僕自身も理路整然とわかるような話し方や導き方をしないといけないという思いから、通信でコーチングの勉強を始めたんです。それを継続して今年はマイコーチを2人付けました。シーズン当初からチームの雰囲気を作るために専門の方に選手向けにセミナーもやってもらいました。そこで「ここは安全な場所だから何をしゃべってもいいんだよ」「自分で思うことをしゃべってみんなで協力していこう」という方向に持っていったんです。コロナの自粛期間中もZoomでミーティングをしたり、選手同士の色々な擦り合わせをしたりしました。見てもらえ

ばわかると思いますが、今年は練習のクールダウンのときには3人組などを作ってベラベラとおしゃべりする時間を作りましたよね？　あとは練習を締めるときに選手がそれぞれ日替わりで1分間スピーチをしゃべってもらったりもしました。自分のことを打ち明けると「この人はこんなことを思っているんだ」という共有ができて、チームの雰囲気ができていくのです。戦術を入れ込むのはその次の段階です。選手たちもその流れに乗っかってくれたし、自分の中でモヤモヤがあるときには僕にしゃべってくれる選手もいれば、チームメイト同士で相談できるような空気ができて上がっていきました。秋口に練習参加した若い選手たちが「このチームでぜひやりたいです」「こんな雰囲気のチームは他にないです」と言ってくれるほどの雰囲気になっていたんですね。

――その雰囲気作りにはエスクデロ選手や菅選手らベテラン勢も貢献してくれたみたいですね。

そうなんです。声を出してみんなで盛り上げていくときに恥ずかしいと思う選手もいるのですが、そうではなくて、みんなでこの雰囲気を作っていこうと。もちろん色々な性格や考え方があって、（矢野）貴章がベラベラとしゃべるかといえばポイントポイントでパパッとしゃべってくれるとか。そういう雰囲気づくりは昨年のことを反省すれば、かなり強調してやってきました。それが勝つための一番の方法だと僕自身が強く感じたことだったので。

——走れる、闘える、という要素以外にも、選手のパーソナリティも重視して選手を揃えたという話も聞きました。

自分からも強化部にリクエストも出しました。ほぼ知っている選手だとしても人間性はすべて知っているわけではないので、しっかり調べてもらって。塩田はどのクラブのどのスタッフに聞いても人間性は素晴らしいと聞いたし、そういう細かい部分のリサーチですね。このチームに人間性が合うのか合わないのか、それも19年シーズンから続くものでした。プレーが良いからと全然チームになじまないのでは選手の良さは出てこない。強化部長の山口慶も一生懸命に調べてこのチームに合う選手をチョイスしてくれたと思います。

——そこは来季も重要なポイントになりますね。

重要ですし、このチームを上積みしていくためには必要不可欠なポイントだと思っています。そうじゃないと走れないですよ。今年のチームにも「ここに走ってボールを奪いに行ってしまうところが使われるのでは?」と疑問を呈する選手も何人かいたのですが、それは一つの意見として、それでも「前からアグレッシブに奪いに行ったときにはこういうメリットがあるよ」と伝えたときに、デメリットをわかっていながらでも前向きなメンタリティをもってプレーできるかどうか。そこがすごく重要でした。選手は相手にやられてしまうことを想定してネガティブな感情を持ちやすいのですが、逆方向にあるメリットを伝えてあげて前向きにやってもらうように導くのも指導者の仕事なんだと思います。

来季は栃木スタイルの精度向上に努めたい

——その上で伺いたいのは来季に向けた上積みの部分ですが、一つ、二つ、優位性を出したいポジションはどこでしょうか。

優位性を出したいのはボランチの1枚ですね。あとはフォワード。ボランチのボール奪取能力とか、ツエーゲン金沢のボランチ(藤村慶太)のように前に速く入れることをしながらも少し横に揺さぶりながら縦に行くとか、そういう能力があるボランチがいれば攻撃はもう少し変わった形にしていけます。あとはフォワードの決定力ですね。今季は(矢野)貴章が7点、アキ(明本)が7点。彼らにもう少しいいボールが入ればもっとゴールできたかもしれませんが、やはりチームに10点以上奪うフォワードがいないと上には行けないと思います。まあ、ボランチもフォワードも守備のときには走ってもらわないといけないのですが。

一体感を持って闘うことが大前提ですが、それができれば自信をもっていいと思います。

——当然、そういう選手たちは年俸も張ると思います。

そうですね。あとはその能力があるからと「俺は守備をやらないよ」「俺は一人でもやれるよ」というメンタリティでは困るので、そこは強化部と見定めて、うちに合いそうな選手を見つけないといけない。あとは、全部を高いレベルでできる選手はなかなか獲得できないところもあるので、走って縦パスを入れられるけどまだミスが多いとか、走力は物足りなくても最後のゴール前だったら点を獲れる、といった選手たちをいかにチョイスして良い部分を引き

出せるかというところだと思います。

――基本的には今季のスタイルをバージョンアップさせる方向ですね。

そうですね。徳島ヴォルティスや東京ヴェルディのようにシステムを試合中に可変して柔軟に戦えるのが理想的ですけど、まだまだ難しいと思うので、今の栃木の走ることや闘うことをベースにしたストーミングを洗練させていけたらと思っています。栃木はそういう方向がいいでしょうね。相手も栃木スタイルに対してかなり対策してきているし、例えば、ボランチがかなり引いてきて栃木の好きなようにやらせないチームもありましたね。そういう相手に対し、どうやってカオスを作って攻略するのか。今年の経験を踏まえて新たに考えていきたいと思っています。

――チームとして理想的な上積みのイメージは？

やはり得点力アップです。より縦に速く、もっと高速なカウンターを打てるとか、高い位置で奪ってショートカウンターという攻めの形を研ぎ澄ませたい。ドイツのライプツィヒやバイエルンのような、速くて精度も高いサッカーを目指したいなと。守備については特にクロスからの失点は減らせると思っています。

――今季を継続できるメンバーが揃えばさらに上を狙えると思いますか？

選手たちが一体感を持って闘うことが大前提ですが、それができれば自信をもっていいと思います。今年はこの一体感があったからこそ、この栃木スタイルを構築できたので、来季もその一体感は必ずみんなで作り上げていきたい。我々スタッフも含めて、チームとして作り上げることができれば、今年は勝点1になったり勝点を取れなかったりした悔しいゲームが勝点3になっていくんじゃないかなと思っています。

――来季は降格枠が4つに増えます。厳しいシーズンを迎えるに当たり、どう展望していますか？

降格枠が4つあることはどのチームもプレッシャーに感じると思います。やはり今季のギラヴァンツ北九州のように開幕から勝っていけばある程度勢いに乗れます。今オフは短いのでしっかり準備して、開幕からいい形でこの栃木スタイルを継続できればいいなと。それが一つのポイントでしょうね。あとは夏。夏の補強や五輪の中断期間があると思いますので、昇格を狙うチーム、残留したいチームが補強する中で、うちも夏からどう勢いづいていくのか、しっかりマネジメントしたいと思っています。

TOCHIGI SOCCER CLUB

KAZUAKI TASAKA

たさか　かずあき

1971年8月3日、広島県出身。新たな戦術を積極的に取り入れ駆使する向上心の塊のような指導者。現役時代は平塚（現湘南）、清水、C大阪でプレー。引退後はコーチ経験を経て、11年に大分の監督に就任。清水や松本のコーチ、福島での監督を経て、19年に栃木SCの指揮官に就任した。

第3位 vs 山口

2020.11.29

ホーム / レノファ山口 FC 戦　○2 - 0

明本、エースの証明 全得点に絡む活躍で快勝

FW明本考浩が１ゴール１アシストで全得点に絡んだ一戦。ルーキーの枠を完全に超えた背番号８が、揺るぎないエースとしての存在感を見せつけた。まずは後半7分。中盤エリアでチームがFKを獲得すると、キッカー柳育崇と目が合った瞬間に前線へダッシュ。相手陣形の整う前にペナルティーエリア内でボールを収め、GKの股下を抜く先制弾をゴールへ流し込んだ。35分には左サイドをドリブル突破。FW矢野貴章の駆け上がりに合わせ、「狙っていた」と相手DFの股を抜く鮮やかなラストパスを通した。「自分が走ってチームを持ち上げたかった」と試合後に語った明本。大黒柱としての自覚を結果に結び付ける、さすがのパフォーマンスだった。

第4位 vs 岡山

2020.8.12

ホーム / ファジアーノ岡山戦　○2 - 1

全集中の逆転弾 全員で奪ったゴール

20年シーズン最初の逆転ゲーム。劇的な展開は、全選手が維持した集中力のたまものだった。１-１で終盤に突入した試合は両チームのカウンターの応酬に。栃木SCイレブンは全員で攻め上がり、全員で自陣へ戻るハードワークを繰り返した。迎えた後半ロスタイムには敵陣で相手選手がボールから目を切る中、ＦＷエスクデロ競飛王が素早くスローインをDF瀬川和樹に入れ、左クロス。「狙っていた」という途中出場のDF柳育崇が、ニアサイドからゴール右隅に決勝弾をたたき込んだ。エスクデロは「栃木の良さが最も出た場面。全員で奪ったゴール」。肉体的にも、精神的にも苦しくなる時間帯に見せた一丸のプレーは、今季の躍進を予感させた。

ベストマッチ５位　7月11日アウエー千葉戦

空中戦の名手が本領発揮　20シーズン初白星

第5位 vs 千葉

2020.7.11

アウェー / ジェフユナイテッド千葉戦 ○1 - 0

開幕節から3戦白星なしの状況で迎えたアウェー千葉戦。元日本代表の鮮烈な一発が試合を決めた。前半34分。左サイドのDF瀬川和樹のクロスに頭で合わせ、ネットを揺らしたのはFW矢野貴章。相手選手２人に競り勝つ決勝ヘッド弾は、まさに空中戦の名手の本領発揮だった。自陣のセカンドボール奪取から矢野のシュートまでにかかった時間はわずか9秒。チームが目指す縦に速い攻撃に、フィニッシュの質も伴ったゴールを田坂和昭監督は「パーフェクト」と称賛した。コロナ禍では初の有観客試合ながら、アウェーサポーターは来場自粛を要請されていた。遠く栃木の地へ今季初白星を届ける、メモリアルな一戦だった。

下野新聞運動部記者が選んだ

2020 SEASON BEST MATCH

2020 シーズン×ベストマッチ

2019年シーズンの20位から、20年シーズンは10位と大きく飛躍を遂げた栃木SC。
下野新聞運動部の担当記者がシーズンを振り返り、独断で選んだベストマッチ5を紹介する。

伊藤慧・文
写真提供・栃木SC

第1位 vs 水戸

2020.9.6

アウェー / 水戸ホーリーホック戦 ○2 - 1

宿敵を粉砕　走力で圧倒

北関東の宿敵・水戸から白星を挙げた一戦は、まさに走り勝ちの内容だった。0 - 1で迎えた後半から、栃木SCのギアが一気に上がった。ボールをつなごうとする水戸に対し、連動したハイプレスを仕掛けて次々とショートカウンターを発動。22分には右クロスをファーサイドのDF田代雅也が左足で合わせ同点に追いついた。ロスタイムに入ってもボール保持者へのアプローチスピードは衰えず、相手は自陣内に釘付けに。最後はパスカットした瀬川和樹がドリブルでゴール前に侵入しクロス。これをDF柳育崇が頭で合わせ勝負が決した。一丸のハードワークでつかんだ水戸相手の６年ぶりの勝利は、勝ち点３以上の意味を持っていた。

第2位 vs 琉球

2020.10.21

ホーム / FC 琉球戦 ○ 4 - 1

攻撃爆発、最多4得点
崖っぷちで闘志に火

前節を終えて５戦連続無得点。琉球戦もスコアレスに終わればクラブワースト記録を更新するまさに崖っぷちの一戦で、栃木SCの攻撃がついに火を噴いた。重苦しい停滞感を打破したのはFW榊翔太だ。前半５分の右CKをバックヘッドでそらせると、ボールはそのまま枠内へ。１ - １で迎えた後半11分にも味方シュートのミドルシュートを体に当ててコースを変える技ありの勝ち越し弾を決めた。こうなると止まらない。2分後にはDF黒﨑隼人の高速クロスをMF森俊貴が頭で合わせて３点目、29分には再び黒﨑のグラウンダーのクロスを森が流し込み、勝負の行方を決める４点目を奪った。リーグ終盤戦へ弾みをつける、この上ない大勝劇となった。

ベストマッチ１位　9月６日アウエー水戸戦

2020 season　栃木SC

栃木の勇者たち

全選手紹介

激動の2020年シーズンを駆け抜けた栃木SCイレブン。
「全員戦力」のスローガン通り、チームとして
攻守に持てる力の全てを注ぎ、リーグ順位10位と
チーム過去最高の9位まであと一歩に迫る
勇気ある戦いを見せた。今季限りでチームを去る選手、
チームに残ってさらなる飛躍を期す選手と、
それぞれの歩む道は分かれても、
全選手がシーズンを通して体現し続けた
「不屈」の記憶が色あせることは決してない。

下野新聞社写真映像部　　写真提供・栃木SC

KEEP MOVING FORWARD

TOCHIGI SC

栃木のエースが魂のプレーで示したクラブ愛。

栃木SCのレジェンドナンバー8を引き継いだのはアカデミー出身の新星、明本考浩だった。明本は期待に違わぬ魂のプレーの数々でチームを牽引。その活躍はリーグ屈指のプレイヤーとして注目される飛躍のシーズンとなった。

明本考浩 8 MF

鈴木康浩・文　写真提供・栃木SC

ルーキーらしからぬ異彩を放った1年目

じわりじわりと「明本考浩」の名前が知れ渡っていったシーズンだった。

それはチームの快進撃と同時平行で進んでいった。今季の栃木は、昨季の劇的残留を掴み取ったときに強調した「走る、闘う」を全面に押し出すスタイルで新たなシーズンに挑むと、序盤戦から強豪を打ち倒す試合を見せた。4節ジェフユナイテッド千葉戦を1対0で勝利すると、続く5節、当時まだ一度も勝ったことがなく、さらに開幕4連勝中と勢いに乗る大宮アルディージャをホームの栃木県グリーンスタジアムに迎えると1対0で勝利し、2連勝を飾った。

このときすでに明本のルーキーらしからぬ存在感は異彩を放っていた。強豪大宮を倒す引き金となったのも明本のプレーからだった。58分過ぎに明本が右サイドから強引にドリブルで切り込んだ瞬間、相手DFが溜まらずに明本を引っ掛けて押し倒し、ペナルティーキックを獲得。これを矢野貴章が冷静に流し込んで奪ったゴールが決勝点となった。

明本のプロ初ゴールは11節ファジアーノ岡山戦で記録された。26分、田代雅也のクリアボールに反応した明本が持ち前の脚力で地面を蹴り上げるように急加速すると、併走する相手DFの前へと躍り出て相手GKと1対1に。次の瞬間、相手DFが堪らずに明本を後ろから押し倒したプレーからペナルティーキックを獲得した。

「(3節の)東京ヴェルディ戦がPKを獲得した最初の試合でしたが、あのときはまだPKのキッカーに立候補できなかった。だから次のチャンスのときは自分で蹴りたいと思っていたので、あのヴェルディ戦の次の週からPKの練習にずっと参加していました」

チャンスを作るもなかなか決め切れず、「そろそろ決めなければ」という焦りが生まれていたときに掴んだビッグチャンスだった。明本は迷わず自らボールを持ってペナルティースポットにセット。狙いすましたシュートは一度はGKにセーブされたが、こぼれたボールを明本自らが押し込んだ。これが待望のプロ初ゴールとなった。

「自分にとっては本当に大きな1点だった。それがホームのグリスタだったことも良かったし、これから乗っていけると思う」

走り続けることでチームを力強く牽引

最初の1本を決めた明本はそれからコンスタントにゴールやアシストを積み上げていく。当時9連勝中のギラヴァンツ北九州をホームに迎えた16節では、50分、スローインを胸でトラップしたときの落ち際を叩き、ペナルティエリアの外から右のサイドネットを揺らした。好調北九州との大一番ということもあり、試合に注目していた多くのメディア関係者に「ワールドクラスのゴールだ」と言わしめるスーパーゴールだった。21節京都サンガ戦では、エスクデロ競飛王から受けたスルーパスに反応し、相手DFをスピードで振り切ってカミソリのようなカウンターからゴールを右隅に流し込んだ。

どのゴールも難易度が高く、それだけインパクトの残るゴールを決めていた。結果、シーズンを通して7ゴール、8アシストを記録。栃木SCに加入したルーキーとしてクラブの歴代最高記録を塗り替えることになった。

明本が長けていたのは得点力だけではなかった。チームが要求した走力、運動量を高いレベルで90分間持続しながら得点に絡めてしまうことにあった。それをコロナ禍における過密日程である中2日や中3日という連戦のなかで「走り続けることができなくなったら自分ではない」という覚悟の下、やり切ってしまうタフさがあった。チームは高い位置から相手にプレッシャーを掛けるスタイルを採用。それを機能させるためにはFWの高い守備能力が必要だったが、その意味でも明本の存在は不可欠だった。ボールを持つ相手DFや相手GKにどんどんプレッシャーを掛けることで相手のミスを誘い、相手陣内で奪ったボールを素早く相手ゴールに陥れる。その流れからゴールを奪っ

2020 season 栃木SC

栃木の勇者たち

あきもと　たかひろ

1998年1月31日、栃木県宇都宮市出身。170cm、65kg。
栃木SCアカデミーが生んだ栃木の至宝。
大卒ルーキーながらエース級の活躍を見せてJ1浦和へと羽ばたいた。
所属歴：簗瀬SC－栃木SCサッカースクール－栃木SCジュニア－
栃木SCジュニアユース－栃木SCユース－国士舘大

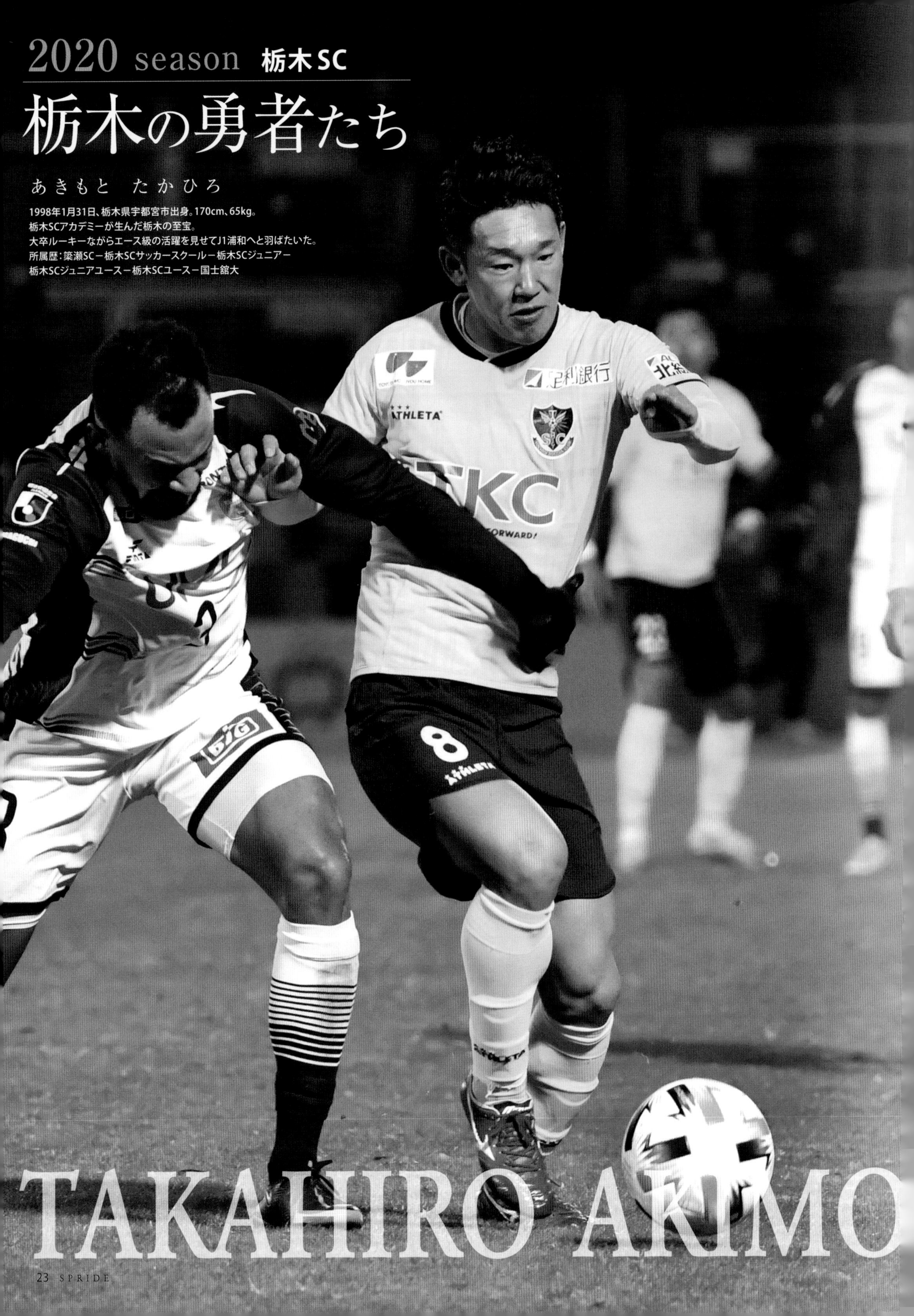

TAKAHIRO AKIMO

たり、ペナルティーキックをもらったりするシーンが何度もあった。

チームは走って闘うことをベースに前からアグレッシブに相手に襲い掛かる戦術でJ2の中位から上位につけることに成功。前年に残留争いを展開したチームからすれば躍進の部類だった。前半戦が終わる頃には栃木の戦いぶりが注目を集めていたが、その中で明本が絶対的なキーマンであることは誰の目にも明らかだった。

魂のプレーの数々がアカデミーに与えた影響

「県内のどこに行っても『トップチームがすごいことになっていますね』と言われるんですよ」

シーズンも半ばを迎えた頃、栃木SCの只木章広育成部長が話していた。トップチームがアカデミー出身選手の活躍で彩られたシーズンにおいて、明本や森俊貴といった栃木SC育ちの選手たちが内外から注目の的になっていた。

「これが栃木SCアカデミーのDNAだからな」

栃木SC U-18の浜嶋淳郎監督もプロを目指す栃木SCアカデミーの高校生たちに明本のプレー映像を見せる機会が多くなった。明本が相手DFや相手GKを追い回してプレッシャーを掛け続ける映像を見せつけられた栃木SC U-18の選手たちは「すげえ……」と感嘆の声を挙げるしかなかった。だが、栃木SCアカデミーからプロになって活躍する〝先輩〟が見せる姿勢に大きな刺激を受けた彼らは、その後、秋から年

やらないといけない自覚があるし、自分にはその責任がある

TAKAHIRO AKIMOTO

末にかけて開催されたクラブユース選手権で湘南ベルマーレU-18や大宮アルディージャU-18という格上とされる強豪を次々と打ち倒して全国行きの切符を掴み獲る。12月の全国大会では初戦でベガルタ仙台U-18に勝利してクラブ史上初めて全国ベスト16へ進出する快挙を果たすことになった。

明本は森や黒崎隼人らトップチームのアカデミー出身選手らとタイミングを見てはアカデミーの練習グラウンドに顔を出した。秋のクラブユース選手権の直前。シーズンが終わった直後。彼らがグラウンドに来るたびに、アカデミーの選手たちは羨望の眼差しを向けた。

明本自身、自分自身が育ってきた栃木SCアカデミーへの思いは相当に強かった。まだ中学生だった頃からグリスタに通っては「いつか必ずトップチームでプレーするんだ」と心に誓って毎日の練習に取り組んでいた。

国士館大学を経由し、さらにパワーアップして戻ってきた明本は、プロ1年目から活躍するなかで、アカデミーへの思いを何度も口にした。

「今でもまだ中学生から高校生になるときに栃木SCユースを選択せず

に他のユースや高校に移ってしまう選手たちもいるんです。でも僕たちがしっかりとトップチームで活躍すれば、ジュニアユースからユースに上がってプロを目指すという道筋がしっかりと見えるようになると思うんです」

「来年は（小堀）空のトップチーム昇格が決まりましたからね。トップチームにどんどんアカデミー出身の選手が増えてほしいし、その上で、プロとして結果で示していくことが大事だということを、アカデミーの選手たちには何度でも伝えていきたいし、その意識を根付かせていきたいと思っているんです」

明本には自分がアカデミーの選手たちから見られているという強い自覚があった。あれだけ走り、二度追いや三度追いする守備をやったうえで結果を出すのが当たり前という姿勢を見せつけられたのは、「やらないといういけない自覚があるし、自分にはその責任がある」という思いに駆られていたからだった。明本が栃木SCのエンブレムを強く握りしめながら見せた魂のプレーの数々は、２０２０年シーズンのトップチームを歴代２番目となる年間10位という戦績に導いた。

ハッピーエンドもつかの間、別れは突然やってきた。シーズンが終わり、各種メディアの振り返りの中でも、２０２０シーズンのＪ２で活躍した指折りの選手の一人に明本の名前は挙げられた。そして明本のもとにはＪ１の複数クラブからオファーが届いた。クラブ愛を貫こうとした明本はそれらの誘いをことごとく断ったと聞く。しかし、あの浦和レッズという日本屈指の、さらにアジア

アカデミー出身の明本考浩、森俊貴、黒﨑隼人と栃木SCU-15・U12・レディースU15の選手たち

アカデミー出身の明本考浩、森俊貴、黒﨑隼人と栃木SCU-18の選手たち

中で知られるビッグクラブからオファーが舞い込んだとき、悩んだ末に、明本は心を決めたという。クラブが発表したお別れのリリースでは次のようにコメントを残したが、栃木への名残惜しさも滲んだ。

「栃木を離れるのはすごく寂しいですが、僕はどこに行っても栃木を愛し、地元栃木を応援しています。新しい環境に身を置いて成長する決断をしましたが、栃木SCに関わるすべての方々に僕の成長した姿をいち早くお見せできるよう、日々走り続け、闘い続けます。これからも栃木SCが大好きな気持ちも変わらないですし、これからも栃木SCの素晴らしい活躍を心より願っています。1年間という短い間ではありましたが、僕にとってこの期間は、なにものにも代えがたい宝物です。本当にありがとうございました」

明本はかつて「栃木といえば明本と言われるような存在になりたい」と話したことがある。浦和に行こうとも栃木を代表し、背負って闘う気持ちは変わらないだろう。浦和で活躍できれば、その先は海外クラブ、そして日本代表へと階段を登っていくことも現実味が増してくる。

その偉大なる先輩、明本の背中を見る栃木SCアカデミーの選手たちは何を思うだろう。明本が示した夢の力は絶大だ。それは明本が心底願った、栃木SCアカデミーの発展、ひいては栃木SCの発展へと繋がる大いなる可能性を秘めている。

キャリアハイを導いた揺るぎない「原点」

栃木在籍3年目となった20年シーズンは41試合に出場。キャリアハイとなる数字を残し、栃木の不動のセンターバックであることを印象付けた。熱くファイトする中にも安定感が備わってきた成長の背景には何があるのか。

田代雅也 30 DF

鈴木康浩・文

20年は41試合に出場 大きくなった責任感

20年シーズンはコロナ禍において5連戦が連続するという過密日程のなか、キャリアハイとなる41試合に出場した。シーズンが始まる前に「自分はまだシーズンを通して30試合以上に出場したことがないので、それを実現できたときにどうなるのかという思いがある」と話していたが、18年の20試合出場、19年の28試合出場からジャンプアップとなる数字を残した。

「コロナ禍の自粛期間に改めて自分に向き合えたのも大きいです。自分の映像を見て、相手の映像を見て、身体を準備しながら心と頭も準備することができました。最悪のシチュエーションを想定し、可能な限りの準備をして、それでダメなら仕方がない、という心構えで毎試合に臨めたことも良かったのかなと」

コロナ禍に見舞われ、リーグ戦は一時4カ月ほど中断する難しいシーズンだった。6月下旬のリーグ再開戦はベンチスタートだったが、その後にすぐスタメンを奪い取っている。

「あの試合は負けたのですが、ベンチから見ていたときに『ここを直せば良くなるのでは』というのがはっきり見えた。『次の試合に使ってもらえれば何とかできるよ』という感覚でした」

試合出場を重ね、結果を掴み獲るなかで、田代はシーズン中に「少しずつ余裕が出てきている」と口にするようになった。その左腕にはキャプテンマークを巻くようになり、練習や試合後に発するコメントも、個人的なことよりも、チームに対する叱咤のようなものが増えていった。

「自分の中で自信が大きくなっているかと言えば、自信と過信は紙一重だと思うのでちょっと違いますね。自信というより、このチームに対する責任感が大きくなったと感じるんです」

紆余曲折といえる経験を踏みながら、田代は27歳という中堅の年齢に差し掛かっていた。

動じずに待ったチャンスを活かした19年シーズン

田代の場合、一度サッカー選手としてのキャリアが途切れかけたという得難い経験が今に繋がる大きな糧になっている。

17年のシーズン開幕前にFC岐阜を契約解除されたあと、プロサッカー選手であり続けるために、都内の知り合いのつてを頼って、40代、50代のサッカー好きの社会人たちとボールを蹴った。2、3チームを掛け持ちしながら「人が足りないんだ」と声が掛かればすぐに顔を出した。平日は肉体労働をこなしながら身体を鈍らせないことを優先に考えて過ごした。

日本でプロの舞台に復帰する難しさを感じ、プロになるチャンスがあると聞けばタイにトライアウトを受けにも行った。半ば強引に行って練習参加をさせてもらい、少しでもプレーする姿を見せた。契約が決まった、と思いきや翌日には破棄されるなど、長い時間をもがき、流れに抗うように彷徨った。そんなときについに栃木から声がかかった。18年の1月のことだ。

「ああいう経験を経て、うまくいかない時はそれを受け入れることも大事だと思うようになりました。自分ではどうしようもないこと、例えば、今回のコロナウイルスも似たようなことだと思うんです。僕たちにはどうしようもない、うまくいかないときはうまくいかない、うまくいくまで辛抱強く、必ず霧は晴れると信じて、粘りに粘ることが大事なんじゃないかと。苦しいときは腹をくくってチャンスを待つ。そんなふうに精神的なものが分厚くなった感覚はあります。困難とか、災難とか、イレギュラーとか、苦しい出来事が降りかかったときに、もう動じなくなった自分がいます。こういう時もあるよね、と」

苦しい状況でも動じなくなった感覚は、19年シーズンにも存分に活きた。

チームが泥沼にはまって停滞したシーズンの最後、ジェフユナイテッド千葉との最終節、栃木を劇的残留に導いた田代のダイビングヘッドは記憶に新しい。しかし、このシーズンの田代は中盤過ぎまで試合に絡めずに過ごす時間のほうが圧倒的に長かった。不甲斐

栃木の勇者たち

MASAYA TASHI

ない結果や内容が続くチームに対して外から「もっと闘わないとダメだ」という指摘を繰り返すことしかできなかった。

最後の10試合、チームが闘って走ることを強調するスタンスに切り替える中で、田代はスタメンに起用されて水を得た魚のようにしゃにむに闘った。それまでのチームが示せなかった闘争心溢れるプレーを体現し続けた。そんな田代に対してシーズンが終わったあとに周りは言った。

「お前はシーズン中に切れなかったよな」

苦しいときに一度でも緊張の糸が切れてしまえばあとは堕落の一途だ。19年シーズンのチームにはその色があったが、田代はそうならなかった。

「不貞腐れて良いことなんて一つもありません。時間がもったいない。僕はもう、色々と気持ちを切り替えるのに時間がかからなくなりました。勝った、負けた、試合に出る、出ない、うまくいく、うまくいかない、瞬間的に色々なことが起こるのですが、シーズン中は、そこで反省したり改善したりしながら、前に進むことが何度でも求められる。不貞腐れたり、逆に満足して足を止めたりしたら終わり、なんだと思います」

栃木を昇格させることがＪ１への近道ではないか

劇的残留の立役者というべき活躍を見せた田代は、明けた20年シーズン、そのプレーに、変わらぬファイティングスピリッツを燃えたぎらせながら、同時に安定感や余裕を備えるようになった。栃木に9年間所属し、〝闘将〟としてチームを牽引した菅和範の魂を受け継ぐべきは田代だとの声があがるようになるのも当然だった。

MASAYA TASHIRO

たしろ　まさや

1993年5月1日、埼玉県出身。185cm、80kg。闘将の系譜を受け継ぐファイター型センターバック。
所属歴：蕨北町サッカースポーツ少年団－武南Jrユース FC－武南高－法政大－FC岐阜

「この3年間で菅さんの背中は本当に大きかった。菅さんの考え、意志、取り組んでいることは自分にとってすごく勉強になりました。自分がチームの中でどういう振る舞いをしなければいけないのか、どうやってパワーを与えるのか、どうやって雰囲気を作り上げていくのか。それはこれからのサッカー人生に還元して表現していかなければいけないと思っています」

栃木の主力としてあり続けた20年シーズンを戦うなかで、〝このチームでさらに上へ〟という思いも深まっていったという。

「シーズンの半ばを過ぎた頃からですかね。上位に行けそうで行けない、それでも中位に留まり続けている時期に感じたんです。このチームを昇格させることが自分にとってＪ１への一番の近道なんだろうと。順位が上がっていかなければ個人としての価値も上がらないのですが、Ｊ２の上位をうかがう位置に付けるなかで、このチームをＪ１へ連れていきたいという思いが強くなったのは間違いありません」

田代は栃木に対する思いを改めてこう語る。

「一度やらかして、それでも栃木に声をかけてもらったからこそ、僕はサッカー界に戻って来ることができました。そして、これだけ試合に出られるようになる、というのは普通ではなかなかあり得ません。そこへの感謝は忘れてはいけないし、忘れられないものとして僕の中にあります。当時、橋本大輔社長や当時の強化部長やスタッフの皆さんが受け入れてくれたときの感情は必ずしも100％ではなかったと思うんです。そうした中、去年は最後に点を取って恩返しをできたと思うし、今年も試合に出続けて後ろで身体を張って貢献することができました。多少なりとも栃木のために戦えたシーズンになったことは良かったと思います」

田代は毎年、シーズンオフには必ず、あの苦しい時期に一緒にサッカーをしてくれた社会人たちに会いにいき、今も一緒にボールを蹴っている。

「そこを忘れたら自分は終わりなので」

「原点」を大事に握り込み、背中を押してくれる人たちの思いを力に変える。田代雅也という男の強さがそこにある。

栃木の勇者たち

TOCHIGI SOCCER CLUB

菅 和範 7 DF

鈴木康浩・文
写真提供・栃木 SC

闘将の去り際。

闘将と呼ばれた男、菅和範が13年間のプロ生活に終止符を打った。栃木ＳＣには12年に加入し、9年間プレー。魂でプレーを続けてきた菅は、最後まで闘将であり続け、そしてチームを去った。

引退を決断するに至った理由とは

「10月に入るときには心では決まっていました。チームには伝えていて、そのときに頭の中には『引退』か『移籍』か、二つの選択肢があったのですが、『移籍』を頭で考えながらも自分で何一つアクションを起こさなかった。ああ、心の中では決まっているんだな、という感覚がありました。だから妻に話したときも改まることなく、朝の会話の中で『俺やめるわ』と。妻も『あなたが言うのであれば』と言ってくれました」

FC岐阜で4年間、栃木SCに加入してから9年間、チームに尽くした菅和範がスパイクを脱いだ。どんなときも全身全霊だった。ピッチに入れば両手を叩いて周りを鼓舞し、闘う魂を注入できる「闘将」と呼ぶに相応しい存在だった。

12年に栃木に来てからはどのシーズンも必ず最後にはスタメンに名を並べていた。シーズン当初はメンバー選考から漏れたとしても、愚直に練習に打ち込み、どんな苦しい状況でも諦めることなく、最後には逆転でレギュラーの座を奪い取る。それが菅和範という男だった。不屈の男だった。15年にJ3降格の憂き目にあったときも、廣瀬浩二とともにチームの精神面でも屋台骨となった。彼らがいたからこそ、栃木SCは2年間という苦しいJ3時代を乗り越えることができた。

だがJ2復帰後のこの2、3年は菅にとって苦しい闘いが続いた。ようやく出場機会を掴んだシーズン終盤にケガをしてしまいチャンスをふいにする。今までにない状況に遭遇したときに菅に新たな思いがよぎっていた。20年シーズンは当初からメンバーに入ることができず、度重なるケガの克服にも時間がかかった。それでも試合当日にメンバー外となった選手だけで実施する練習では「ここからメンバー入りするんだぞ！」と周りと自分自身を鼓舞し、やるべきことを続けた。闘う姿勢、ファイティングポーズは断固として下げなかった。しかし――。それでも試合のメンバーに絡めない時期を過ごす中で、コロナ禍に見舞われた秋口、いよいよ気持ちが固まった。

「引退を決断するに至った理由はさまざまです。自分の中で栃木SCの存在が大きくなっていく在籍9年目にしてキャプテンをやらせてもらえたことは誇り高いことでした。その一方で、クラブのこと、チームのことを考えすぎると、自分が試合に出場していなくても勝つことが喜びになっている自分がい

今年の栃木SCに身を置く中で、
これだけ若い選手たちが出てきたならば
僕自身は次に行くべきだなと

KAZUNORI KAN

ました。この考えではサッカー選手としてダメだなと。ピッチに立つ資格がないなと」

目覚ましい若手の台頭に安堵する自分もいた。

「何年か前に（子ども向けのアニメの）カーズのなかで新たな次世代レーサーが出てきたときに、ある車が第一線を退く決意をするんです。そのときのセリフを鮮明に覚えています。『引退するときというのは若い選手が教えてくれるんだよ』と。今年の栃木SCに身を置く中で、これだけ若い選手たちが出てきたならば僕自身はもう次に行くべきだなと。いい選手が増えてきたし、アカデミーからも選手が出てきた。これだけ栃木SCを愛する選手が出てきたのだから、彼らが栃木SCを愛する気持ちでプレーしていけば、今後の栃木SCは大丈夫だなと」

周りの人との繋がりがこれからの財産に

心が決まり、実際に選手たちに伝えたのは39節ザスパクサツ群馬戦の前だった。話を聞いた選手たちは驚いた表情だった。「菅ちゃんならばまだまだできるのに……」。そんな反応が多かったが、菅にはどうしても拘りたい思いがあった。

「尊敬する色々な方々の引退を見てきたのですが、自分が大事にしてきたクラブで、応援してもらってきた皆さんの前で引退を伝えられる幸せがあると思っていました。綺麗に辞めたかった

し、格好よく辞めたかった。そのためにはここで辞めるのが一番幸せなんだろうと」

　気持ちが固まった時点で田坂和昭監督はじめスタッフには相談していた。

「チームが勝つためにメンバーに入ってくれ」

　田坂監督にそう言われたのは群馬戦の直前だった。今季初めてベンチ入りした試合で迎えた後半アディショナルタイムだった。菅がベンチから勢いよくピッチに入っていったときのスコアは2対2。ゴールが生まれれば勝ち越しというラストプレーは栃木が獲得したコーナーキックだった。するとピッチサイドのベンチメンバー、そしてグリスタのスタンド席のベンチ外メンバーたちから「菅ちゃんに合わせろ！」という声が一斉に飛んだ。

　スコアは生まれなかったが、試合終了のホイッスルが鳴った瞬間、菅は堪え切れずに目を真っ赤に染めていた。グリスタで生まれた数々のドラマに身を投じてきた菅が、栃木SCにおける気持ちのすべてを尽くした瞬間だった。

　12月20日の最終節、ジュビロ磐田戦。試合後の引退セレモニーに菅が登場すると、涙を堪えながらもこれまでお世話になってきた人たち、そして家族への感謝を口にした。最後の挨拶だというのに自分のことはそっちのけでほとんど話さず、最後まで周りに気を配って挨拶を締めるという菅らしい姿があった。

「引退をすると決めたときに、僕自身が強く感じたのですが」

　菅が言った。

「自分が何試合に出たとか、どの試合で点を取ったとか、まったく思い浮かばなかったんです。一番に思い浮かんだのは、誰に助けてもらったのか、誰とサッカーをしたのか、プロサッカー人生のなかで誰と歩んできたのか、ということでした。人との繋がりの中で僕は活かされてきたし、現役の最後に連絡できる人たちがたくさんいることは僕にとって大きな財産だなと」

　引退をすると決意してから両親や家族、クラブに話したあとには、長い時間をかけて何百人というお世話になった人たちに自身の決意を伝えた。だから、いざクラブから引退のリリースが出たあとは「ほぼ誰からも連絡がなかった」というのも菅らしい。そういう菅を取り巻く多くの人との繋がりこそが、菅がこれまでのサッカー人生で大事に構築してきたものだった。

「皆さんにめちゃくちゃ嬉しい言葉をかけてもらったのですが、『よくやったね』『お疲れさま！』といった言葉だったり、『菅ちゃんだったら引退したあとも大丈夫でしょ！』などと今後への太鼓判を押してもらえることは嬉しかった。あとは、僕っぽいなと思ったのはプレーのことや、いい選手だったね、といったことは誰一人として言ってくれなかった（笑）。ただ、このことは今サッカーをやっている子どもたちに伝えないといけないなと強く思いました。引退したときにサッカーのことにまるで触れられないのに『お前だったら今後も大丈夫だ』と言われるプロサッカー選手がいる。僕が歩んできたサッカー人生は間違っていなかったんだな、見てくれている人は見てくれているんだな、と」

かん　かずのり

1985年11月11日、愛媛県出身。177cm、75kg。
いかなるときもチームを鼓舞できる闘将。
所属歴：大西キッカーズ－大西中－今治東高－
高知大－FC岐阜－栃木SC

これからの人生も誰かのために

　サッカー選手は数多いるが、長くプロの世界に生き残るのは、ケガで断念する選手を除けば、メンタル面が強い選手だと言われる。栃木の闘将と呼ばれた菅は、13年間という長きに渡ってプロの世界で生き抜いてきた。

「そういう選手がプロの世界で生き残る、なんて偉そうなことは言えないけれど、下手で技術的に足りないやつでもチームに必要とされることは理解しています。大好きなサッカーを情熱をもってやり続けることの大事さはこれからの子どもたちに何度でも伝えていきたい。自分がプロとしてぶれてはいけないと思っていたのは、自分がピッチに立ってプレーで貢献することでした。色んな人たちと話をして気付かされるのは、僕がいいプレーをしているときは声を出しているときであり、周りを鼓舞しているときなんです。だから、自分がプロとして生き残るためにもそれらは意識的にやってきたし、習慣化されたものでした。そうやってプレーで貢献し、チームのために少しでもなればという思いはずっとぶれることはなかった」

　そういう菅が体現した「闘将」の魂を受け継ぐ選手について、田代雅也を挙げる向きは少なくないが、菅は「田代は田代。田代がチームのためにいいと思うことをやっているのであって、あれが田代の良さ。田代が今後進んでいく人生を応援するだけですよ。もうね、出ていくやつがいらんことを言わんでいいんですよ」と言って笑った。

　今後についてはまだ何も決まっていないというが、最後は菅らしくこう締めた。

「大きくぶれない軸だけはあります。それは人として当たり前のことをするということ。誰かのために、大きく言えば日本のために、という考えをぶらさずに進めば自ずとやるべきは決まっていくと思います。ただ、誰かのため、というのはまずは家族です。家族を笑顔にする。まずは家族と一緒に過ごし、家族と一緒にゆっくり過ごしたいなと思っています」

サッカー人生を賭けた一戦

西谷優希 14 MF

伊藤慧・文

いつもの優しい口調だった。だが、その言葉には強い覚悟がにじんでいた。

「この日に、自分のサッカー人生を賭ける覚悟でした。最大限のプレーができたと思います」

7月29日の第8節、アウェーのザスパクサツ群馬戦後。西谷優希のコメントだ。ボランチでの起用。シーズン8試合目にして、初の先発だった。

この頃の栃木SCは、ロングボール一辺倒の攻撃に手詰まり感が見え、2戦連続の完封負けを喫していた。「優希は練習から縦パスを入れて攻撃の起点になっていた。ボールを動かしたかった」とは田坂和昭監督。西谷のつなぎの精度、縦への意識に停滞感打破の鍵はあると見ていた。

この試合。中盤でボールを受け、左右に散らす西谷がハブとなり、攻撃は活性化していった。

そして前半24分。前線の明本考浩へ斜めのパスを差し込み、スイッチを入れた。そこからワンタッチパスが数本つながり、最後は大崎淳矢の右足から決勝点が生まれた。起用に応える、決定的な仕事だ。加入3年目の当時26歳が、中盤の指揮者として確かな信頼をつかみ取った瞬間だった。

2018年のシーズン途中に、ドイツ4部のエルンテブリュックから移籍加入。弟・和希との双子コンビは注目を集めた。一方、ドリブラーとして確固たる地位を築く弟に対し、優希はというと、サイドバックやウイングバックなど様々なポジションで試合途中から起用される「便利屋」的な色が濃かった。定位置、という言葉は縁遠いものに思えた。

その状況は、和希がJ2徳島ヴォルテスに移籍した20年シーズン当初も変わらなかった。事実、西谷は春季キャンプの練習試合でも先発メンバーに絡むことはなく、2月23日の開幕節、V・ファーレン長崎戦でもベンチ入りしながら最後まで指揮官から声はかからなかった。

「最初はやはり、チームに求められていない状況だったと思います。難しい立ち位置にいるというのは理解していた。だから1分でも1秒でも、出場すれば自分のパフォーマンスを出そうと準備はしていました」

開幕節以降、リーグ戦は新型コロナウイルスの影響で約4ヶ月の中断期間に突入したが、西谷は自らを追い込んだ。165㎝の小柄な体躯である。プレー強度につながるフィジカル強化は必須科目だった。チーム活動が停止しても、益子町の実家周辺で独自のメニューを組み、体幹トレーニング、坂道ダッシュなどトータル4時間におよぶ2部練習で体をいじめ抜いた。

ハングリー精神。彼の芯にある強さは、プロを夢見て飛び込んだドイツリーグ時代に養われたものだったと、回想する。

西谷はドイツ時代に6部チームを5部に昇格させ、4部チームに引き抜かれた過去がある。「とにかく結果を出さなければ、自分の名前が広がらない。常に追い込まれた状況があって、そこで実力を発揮しないといけない世界でした」。1部チームの選手が翌年には4部チームに〝個人降格〟していることも珍しくない苛烈な競争世界に身を置いた5年間。それが今に生きている、と彼は言った。

虎視眈々と、その時に備えた西谷は、かくして栃木SCで初めての定位置をつかみとった。8月30日の第15節・アウェーのヴァンフォーレ甲府戦ではJ初ゴールとなる決勝ヘッド弾。続く9月2日の第16節・ホーム北九州戦では先制ゴールとなるスーパーミドルを突き刺した。2020年シーズンの出場試合数はキャリア最多となる35。中盤で攻撃に違いを生み、当初は「空中戦」に強みを見いだしたチームに「地上戦」というオプションを加えた。

西谷が試合に絡めない時期も含め、自分のパスワークを信じてきたのには理由がある。それは、弟・和希の存在だ。

栃木SCでともにプレーした約1年半。「一緒に練習する中で、カズ(和希)には『絶対に自分の特徴を消すな。どんな時だろうと、特徴のある選手は必ず使われる時が来る』と常に言われていました。その言葉を、いつも胸に留めてやってきました」

エゴイスティックなまでに、ドリブラーとして攻撃的スタイルを貫いていた弟は、J2上位をひた走った徳島の主力を張り続けていた。幼少期から時間をともにしてきたライバルにして、最大の理解者。その言葉、そして姿が西谷に刺激を与えていた。

「自分の体がきついとき、カズはもっときついことをやっているんだろうな、と思うようにしているんです」

2人はシーズンで9月9日の第18節、11月11日の第33節の2度、ピッチで相まみえている。いずれも栃木SCは惜敗。最初の対決の直後、「敵に回すと本当に嫌な選手でした」と語り、そう感じられることがうれしくもある、と控えめに喜んだ。

飛躍の1年間を過ごした西谷は、それでも「満足度は50%。J1昇格を目指したのに中位にいるというのは、それが実力ということ。個人的にもパス精度、プレス強度と全ての質をもっと上げないといけない」と語った。

12月16日。弟は一足先にJ1昇格を決めた。いつか、同じ場所へ——。西谷優希の視線はまっすぐと上を見据えている。

YUKI NISHIYA

栃木の勇者たち 2020

にしや　ゆうき

1993年10月5日生まれ。益子町出身。165cm、60kg。
所属歴：益子SCストラーダ→JEF宇都宮→鹿島学園高→仙台大→
ヒラル　マロク　ベルグハイム／ドイツ→TuSエルンテブリュック／ドイツ

長く暗いトンネルを抜けた

黒﨑隼人 33 DF

伊藤慧・文

2020年8月19日。沖縄市内の温度計は30・3度を指していた。午後7時3分、主審の笛が鳴る。南国特有の蒸し暑さに包まれたタピック県総ひやごんスタジアムで栃木SC-FC琉球戦は始まった。

右サイドバックには黒﨑隼人が入っていた。法大卒の当時23歳。2年目にして、初の公式戦ピッチである。

全力で攻め上がり、全力で戻る。走りに走った90分間だった。後半36分には自陣のボール奪取から右サイドを駆け上がり、クロスを供給。森俊貴が折り返し、韓勇太の勝ち越しゴール(結果は△2-2)が生まれた。

フル出場。及第点以上の出来を見せたデビュー戦だった。首脳陣から先発メンバー入りを伝えられたのは、沖縄入りする前日だったという。「母親は先発することを知って泣いていました。家族全員が本当に喜んでくれて。またサッカーできる姿を見せられて良かったです」。その言葉には万感の思いがこもっていた。

約1年前。彼は出口の見えない、長いトンネルの中をさまよっていた。

栃木SC下部組織出身。法政大4年生時には主将としてチームを全日本大学選手権制覇に導いたゴールデンルーキーだった。華々しいプロ生活の船出を周囲からも期待された。が、シーズン開幕を目前に控えた2月中旬の練習中に全てが暗転した。

左脚腓骨骨折。

手術を受け、夏場には全体練習に戻ったが「早く試合に出たいという思いだけが空回りしていた。体と心がマッチしていませんでした」。元々、頑強な体を持つ黒﨑だ。サッカー人生を振り返っても長期間、プレーから離れていた時期は一度もなかった。

経験のない不安が焦燥を生み、焦燥が無理な練習につながっていた。復帰しては痛めての繰り返し。不安で眠れない夜もあった。田坂和昭監督に、その思いを打ち明けたこともある。「夜、走ってみたらどうだ」。その頃から、夜のジョギングが彼の日課となった。

「自分は落ちるところまで落ちた」「そんな自分に何ができるのか」「地道にやるしかないだろう」――。

暗闇の中を走りながら、ネガティブな自分とポジティブな自分に向き合い、少しずつ気持ちを整理した。けがの状態、脚の感触を毎日ノートに書き記すようにもなった。結果的には1シーズンを丸々棒に振った。だが、近道など存在しないことを、彼は時間の経過とともに理解していったのだ。

こうした紆余曲折を経て、黒﨑はピッチに戻ってきた。実質プロ初年度となった20年シーズンは、その存在価値を示すには十分なものとなった。

その最たるものが、デビュー戦の相手だった琉球を県グリーンスタジアムに迎えた10月21日の第28節だ。後半13分。右サイドから高速クロスを相手DFとGKの間にピンポイントで放り込み、森俊貴のヘッド弾を生み出した。

「速いボールを入れれば何か起こるというのは常に頭にある。あのクロスはスピード、コース、全てがしっくり来ました」。彼自身が後にシーズンベストプレーに挙げた1本である。この試合では、その16分後にも地をはうグラウンダーのクロスで森の2点目をアシスト。チームをシーズン最多4得点の大勝劇に導き、グリスタの主役となった。

常にイメージするクロス軌道があるという。それは元J1鹿島の内田篤人のものだ。黒﨑がプロ1年目の夏。天皇杯3回戦で栃木SCは鹿島と対戦し、内田はこの試合の終盤から出場している。

「本当にすごかった。内田選手のクロスの質、スピード、ボールを蹴るポイントは今もはっきり記憶しています。これであの人の価値が決まっているんだな」と、ピッチサイドから食い入るように試合を見つめていた。脳裏に焼き付けた自分と同じ右サイドバックの元日本代表のプレーが、黒﨑の「飛び道具」としての右足を、もう一段階高いレベルへと引き上げていたのだ。

20年シーズン。終わってみれば、26試合に出場した。フル出場18試合、3アシスト。ここまで出場機会があるとは思わなかった、と当の本人は驚きを持ってシーズンを振り返る。

「正直、今年の初めは、また試合に絡めないんじゃないかと思っていた。でも『何で出られないんだろう』と思うことをやめたんです。その時間がもったいない、と。自分の持ち味、ストロングを見つめて練習することだけに注力してきました」

純粋に自分と向き合う。暗中模索の日々を送った経験を乗り越えたからこそ、そうしたマインドは生まれてくるのだろう。

手術した脚の状態は良好だ。そうなれば、潜在能力の高さがモノを言う。シーズン終盤、1試合あたりの走行距離やスプリント時の走行速度は、チームトップの数値をたたき出している。

「あの時期は無駄ではなかったんじゃないかと、今は思う」

自身の体の状態を記し続けたノートは、もうすぐ1冊目が終わろうとしている。黒﨑隼人は一歩ずつ、そして着実に前へと歩みを進めている。

くろさき　はやと

1996年9月5日生まれ。宇都宮市出身。182cm、77kg。
所属歴：岡本FC→栃木SCJrユース→栃木SCユース→法政大

HAYATO KUROSA

栃木の勇者たち

サクセスストーリー まだ序章

TOCHIGI SOCCER CLUB

森俊貴 18 MF

伊藤慧・文

ルーキーらしからぬルーキーだな、と森俊貴と話すたびに感じていた。悪い意味ではない。

インタビューでは、常にすらすらと言葉が出てくる。練習場では積極的に声を出してムードをつくっていた。公式戦のピッチで気後れする様子も、見せたことはなかった。

横を見れば、同期入団で幼なじみの明本考浩がいた。「クロ」と呼ぶ、下部組織と法政大時代の一つ上の先輩、黒崎隼人もチームにはいた。そういった居心地の良さが影響したところも幾分かはあるのだろうが、それ以上に「俺がチームを引っ張るんだ」という自覚が、彼にはシーズン当初から見え隠れしていた。

プロデビューは新型コロナウイルスの影響による、約4カ月のリーグ戦中断期間が明けた6月27日の第2節・アウェーのモンテディオ山形戦（●0−1）だ。後半16分からピッチに立っている。

当時の心境はこうだ。「大学時代から大舞台を経験することがあったので緊張はなかった。タカ（明本）が既に堂々とプレーしていたし負けないように、という気持ちでした」

それよりも、と言葉をつなぐ。「へなちょこなシュートを打ってしまった。大きなチャンスをつくるためにチーム全体で守備を頑張っていたのに、あれを決めきれないと意味がない」。これは終盤に、ペナルティーエリア内でパスを受けながらシュートを枠外に外したシーンを指す。デビューの感慨は既に、勝ち点を逃した悔しさの前に吹き飛んでいた。

森は結果としてシーズンで5得点を挙げたが、個人成績という部分にはあまり頓着がないように見えた。こと自身の得点に関しては「良いボールが来たので」とか「余韻はそこまで。次の試合に切り替えたい」といった趣旨のコメントを繰り返している。

「献身的なプレーが僕の特徴」と話したことがある。勝利という目指すべきチーム結果がまず前提にあり、その過程で得点であれ、何であれ、どれほど貢献できたかという部分に常にフォーカスしてきた。

春季キャンプから出色のパフォーマンスを見せていた明本に対し、森はシーズンが進むにつれ存在感を増していった印象だ。

元々、彼が主戦場とするサイドハーフには希有な得点感覚を持つ不動のレギュラー大崎淳矢がいた。だが、大崎はけがに見舞われ、戦列を離れている期間が非常に長かった。加えて、新型コロナによる異例の過密日程だ。連戦につぐ連戦の中で経験を積み重ね、状態を上げ、森は2列目の欠かせないピースとなっていった。

「彼はドリブルで仕掛けることができる。中でも外でも、するするするっと抜けていくんですよね」。夏頃、田坂和昭監督が森の印象を語っていた。胸を張り、すっと上体を立てた力感のないフォームでボールを運ぶ。そこには見た目以上のスピードがある。そうやって相手の包囲網を打開するシーンを何度も生み出していた。

彼の真骨頂は、そのスピード感をゲーム最終盤でも発揮できるところにある。ドリブル、セカンドボールへの反応、カウンター時の敵陣への侵入――。「試合の最後にスプリントして、ゴール前に入ることは意識している。走りきれるのは強みだと思う」と話したことがあった。無尽蔵のスタミナ。その下地は、栃木SC下部組織時代に鍛えられたものだという。

今でも思い出す練習がある。高校1年生時の「クーパー走」だ。ピッチ四方にコーンを置き、12分間、その周囲を走るメニュー。設定タイムを切らない者にはやり直しの〝罰走〟が待っていた。

「その頃は終盤の失点が多くて。監督（当時）の上野優作さんがやろう、と。夏の練習の前に毎回走って一ヶ月くらいは続きましたね。タカなんかは今ほど走れなくて罰走をやっていた。高校までに走る部分は鍛えられたと思います」。成長期に頑強なエンジンを作り上げた森。運動量を全面に押し出す栃木SCで台頭したのは、ある意味で必然のことだったのかもしれない。

ほぼ全ての試合に絡んだ2020年シーズンの終盤、〝新人王級〟の奮闘を見せた森にプロ1年目の手応えを聞いた。「成長したかな、とは思う。でも使ってもらった時間に対する勝ち点数は伴っていない。もっと頑張らないといけない」と反省が口をついた。攻撃的ポジションで起用され続けながら、フィニッシュの質には大きな課題を残した。来季以降に乗り越えるべき壁は、本人が誰よりも分かっていた。

法大4年生時には自分のプレーに自信が持てず、栃木SC入りか、一般企業への就職かを最後まで迷った過去がある。が、プロとしての手応えと悔しさを十分に味わった今ははっきりと言える。「この道を選んでよかった」と。

「地元出身とか、生え抜きとか、そういうアドバンテージは抜きにして『栃木SC＝森』と思ってもらえるようになりたい」。この先の目標は明確だ。人生を賭ける価値がある、そう思って栃木の地へ帰ってきた。駆け出しの背番号18のサクセスストーリーは、まだ序章が始まったにすぎない。

TOSHIKI MORI

栃木の勇者たち

もり　としき

1997年8月29日生まれ。茂木町出身。178cm、71kg。
所属歴：栃木SCサッカースクール→栃木SCジュニア→栃木SCジュニアユース→栃木SCユース→法政大

人生もプレーも「逆転の一年」

柳育崇 23 DF

伊藤慧・文
写真提供・栃木SC

「『逆転の一年』だったと思います」。シーズンを振り返り、柳育崇は笑った。

2020年シーズン、栃木SCの逆転ゲームは4試合だった。うち3試合で彼は決勝弾を決めている。開幕直前にJ2アルビレックス新潟から期限付き移籍加入した無名の大型センターバックは、サポーターに鮮烈なインパクトを与え続けた。

逆転――。その言葉は決してプレーぶりだけを指すものではない。ここまで順風満帆ではなかったプロ生活。苦しんだ中で、ようやく選手として花開けた、というニュアンスも含んでいる。

17年、専大からシンガポールリーグの新潟シンガポールでキャリアをスタート。18年に入団した新潟では、2年間でリーグ戦出場はわずか4試合に留まっていた。そんな中で届いたのが栃木SCからのオファーだ。「先に(新潟から)移籍していた矢野(貴章)さんからも『栃木はめちゃくちゃ走るけど、柳も走れるから合っているんじゃないか』と連絡をもらって。どこでもいいから出場したかった、というのはありました。即決でした」

強い危機感を抱く中、わらをも掴む思いでシーズン開幕直前で決めた移籍だった。そして崖っぷちに追い込まれた男は、つかんだチャンスを逃さなかった。

初めて脚光を浴びたのが、8月12日のホームでのファジアーノ岡山戦だ。

1-1で迎えた後半ロスタイムからボランチで投入され、その3分後。瀬川和樹のクロスに対しニアサイドへ走り込むと、頭でゴール右隅へとたたき込んだ。

直前のプレー。敵陣コーナーアーク付近でラインを割ったボールがコーナーキックかスローインかの主審の判断を巡り、相手選手がボールから目を切る中「自分は集中力を切らさずに狙っていた」。冷静さの光る決勝弾は、記念すべきJ初ゴールだった。

この頃の柳は、終盤の時間帯からさまざまなポジションで投入され、188cmの高身長とプレー強度を武器に攻守に厚みを出す「クローザー」の役割を担っていた。「出場機会の少ない中、結果を出したいという思いしかなかった。何が何でも点を取りたかった」。貪欲な姿勢を結果につなげると、ここから一気に波に乗った。

9月6日のアウェー水戸ホーリーホック戦(○2-1)、同19日のアウェー、ジュビロ磐田戦(○3-2)でもロスタイムから出場し、決勝ゴール。3得点は、いずれも出場時間3分以内で挙げるという、神がかり的な勝負強さを発揮した。同27日のホームでのFC町田ゼルビア戦(○2-0)から田代雅也とコンビを組み、センターバックのレギュラーに定着。高い空中戦勝率、相手のくさびのパスを徹底的につぶすタイトな守備で信頼を築いた。出場試合数、得点数、全てのスタッツでキャリアハイを更新する飛躍のシーズンだった。

下を向かなかった過去があるから、現在がある。

「本当に下手だったんです」。柳が自身のサッカー人生を語る時、必ずそんな趣旨の言葉が出てくる。

J1鹿島アントラーズの下部組織に所属した中学3年時。「誰よりも練習したのに最後の全国大会はベンチ外。同学年が20人弱いる中、僕だけでした」。大会で任されたのはビデオ係。悔しさのあまりスタンドで号泣しながら、柳少年は仲間の活躍をカメラに収めていた。

それでも、技術差を埋める術は圧倒的な練習量だと疑わなかった。「練習が足りないなら、もっとやれ」。それが、厳しかったという父の教えだったからだ。ちなみに、柳家で読むことが許されていた漫画は「巨人の星」と「あしたのジョー」だけである。努力、根性、ひたむきさ――。たたき込まれてきた雑草魂が、彼の強さであり、支えだった。

八千代高(千葉)時代は高さを活かすべくヘディング練習に明け暮れた。電柱につるし、揺らしたボールに頭を当てる自主練習メニュー。練習をともにした仲間は一人、また一人と離脱していった。それでも柳は、これを毎日2時間、3年間にわたり継続した。「どのタイミングで飛べば空中の最高点でボールをとらえられるかは、感覚で覚えている」。唯一無二の空中戦の強さは、この頃に磨きあげた。

その姿勢はプロ入り後も変わらない。20年シーズン前から、「何かを変えなければプロとして終わってしまう」という危機感に突き動かされ、新たに瞑想を取り入れた。目を閉じ、深呼吸を繰り返す鍛錬を試合前も含めて毎日継続。課題とされていた好不調の波は安定し、それが土壇場の集中力につながっていたという。

ここまで積み重ねてきた努力という「点」が、「線」となってつながったシーズン。それが栃木SCで過ごした1年間だ。「今季は半分以上の試合に出られたけど、年間を通して出続けたい思いは強くあります」と野心は一層、燃えさかっている。

「栃木SCには救ってもらったという思いがすごく強い。本当に大好きなチームです」。来季も栃木SCでプレーする意欲がある、と彼は言った。

26歳。選手としての絶頂期はこれからだろう。進化を続ける姿を栃木の地で、まだまだ見ていたい。

やなぎ　やすたか

1994年6月22日生まれ。千葉県出身。188cm、86kg。
所属歴：鹿島アントラーズジュニア→鹿島アントラーズJrユー
八千代高→専修大→アルビレックス新潟S（シンガポール）
アルビレックス新潟

YASUTAKA YANA

栃木の勇者たち

KISHO YANO

栃木の勇者たち

矢野 貴章 29 FW

やの　きしょう

1984年4月5日生まれ。静岡県出身。187cm、78kg。
所属歴：ジュビロ浜北サッカースクール付属少年団→ヤマハジュビロSS浜北ジュニアユース→静岡県立浜名高→柏レイソル→アルビレックス新潟→SCフライブルク→アルビレックス新潟→名古屋グランパスエイト→アルビレックス新潟

ESCUDERO SERGIO 栃木の勇者たち

エスクデロ競飛王 9 FW

エスクデロ　セルヒオ

1988年9月1日生まれ。スペイン出身。171cm、75kg。
所属歴：CAベレス・サルスフィエルド→柏レイソル青梅ジュニアユース→浦和レッズジュニアユース→浦和レッズユース→浦和レッズ→FCソウル→江蘇蘇寧→京都サンガF.C.→蔚山現代FC→京都サンガF.C.

写真提供・栃木SC

山本 廉 17 MF

やまもと れん

1999年5月8日生まれ。秋田県出身。
180cm、77kg。
所属歴：日新サッカースポーツ少年団→
ブラウブリッツ秋田U-15→
栃木SCユース→栃木SC→
ブランデュー弘前FC→
栃木SC→アルテリーヴォ和歌山

REN YAMAMOTO

瀬川和樹 6 DF

せがわ かずき

1990年4月25日生まれ。広島県出身。178ｃｍ、68kg。
所属歴：三良坂FC→三良坂中→盈進高→国士舘大→
ザスパクサツ群馬→モンテディオ山形→レノファ山口FC

KAZUKI SEGAWA

川田修平 1 GK

かわた しゅうへい

1994年4月5日生まれ。埼玉県出身。

189cm、82kg。

所属歴：深谷豊里SSS→FC深谷→大宮アルディージャユース→大宮アルディージャ→栃木SC→大宮アルディージャ→栃木SC→藤枝MYFC

SHUHEI KAWATA

榊翔太 16 FW

さかき しょうた

1993年8月3日生まれ。北海道出身。

163cm、61kg。

所属歴：清水サッカー少年団→清水中→コンサドーレ札幌U-18→コンサドーレ札幌→SVホルン／オーストリア

SHOTA SAKAKI

 写真提供・栃木SC

大﨑淳矢

21 MF

JUNYA OSAKI

おおさき じゅんや

1991年4月2日生まれ。富山県出身。168ｃｍ、64kg。
所属歴：富山北FCジュニア→富山北FC→サンフレッチェ広島ユース→サンフレッチェ広島→徳島ヴォルティス→サンフレッチェ広島→徳島ヴォルティス→レノファ山口FC

佐藤祥

25 MF

SHO SATO

さとう しょう

1993年7月22日生まれ。千葉県出身。174cm、71kg。
所属歴：大森SC→ジェフユナイテッド市原・千葉U-15辰巳台→ジェフユナイテッド市原・千葉U-18→ジェフユナイテッド市原・千葉→ブラウブリッツ秋田→水戸ホーリーホック→ザスパクサツ群馬

溝渕雄志

15 DF

YUSHI MIZOBUCHI

みぞぶち ゆうし

1994年7月20日生まれ。香川県出身。172cm、66kg。
所属歴：築地SSS→FC DIAMO→流通経済大付属柏高→慶応大→ジェフユナイテッド市原・千葉→松本山雅FC

塩田仁史

22 GK

HITOSHI
SHIOTA

しおた　ひとし

1981年5月28日生まれ。茨城県出身。185cm、78kg。
所属歴：日高田尻サッカースポーツ少年団→
滑川中→水戸短大附属高→流通経済大→
FC東京→大宮アルディージャ

岩間雄大

5 MF

YUDAI
IWAMA

いわま　ゆうだい

1986年2月21日生まれ。東京都出身。178cm、71kg。
所属歴：東京ヴェルディジュニア→
堀越学園高→FCコリア→アルテ高崎→
V・ファーレン長崎→松本山雅FC

髙杉亮太

4 DF

RYOTA
TAKASUGI

たかすぎ　りょうた

1984年1月10日生まれ。山口県出身。182cm、71kg。
所属歴：宇部中→高知高→明治大→
FC町田ゼルビア→愛媛FC-V・ファーレン長崎

写真提供・栃木SC

有馬幸太郎

34 FW

KOTARO ARIMA

ありま　こうたろう

2000年9月3日生まれ。茨城県出身。181cm、71kg。
所属歴：鹿島アントラーズジュニア→
鹿島アントラーズジュニアユース→
鹿島アントラーズユース→鹿島アントラーズ

大島康樹

19 FW

KOKI OSHIMA

おおしま　こうき

1996年5月30日生まれ。埼玉県出身。177cm、66kg。
所属歴：FCアビリスタ→柏レイソルU-12→柏レイソルU-15→
柏レイソルU-18→柏レイソル→カターレ富山→柏レイソル→
栃木SC→ザスパクサツ群馬

禹相皓

13 MF

WOO SANG HO

ウ　サンホ

1992年12月7日生まれ。北海道出身。174cm、74kg。
所属歴：札幌SSS Jrユース→横浜F・マリノスユース→
柏レイソルU-18→明海大学→FC KOREA→
OFKペトロヴァツ→大邱FC→FC岐阜→愛媛FC

和田 達也

24 MF

TATSUYA WADA

わだ　たつや

1994年6月21日生まれ。大阪府出身。164cm、61kg。
所属歴：長野FC→長野FCJrユース→
興國高→松本山雅FC

平岡 翼

11 MF

TASUKU HIRAOKA

ひらおか　たすく

1996年2月23日生まれ。奈良県出身。165cm、62kg。
所属歴：ポルベニル カシハラ→
ポルベニル カシハラJrユース→作陽高→FC東京

井出 敬大

40 DF

KEITA IDE

いで　けいた

2001年8月18日生まれ。千葉県出身。180cm、71kg。
所属歴：カナリーニョFC→柏レイソルU-15→
柏レイソルU-18→柏レイソル

写真提供・栃木SC

伊藤 竜司 2 DF

いとう　りゅうじ

1990年7月23日生まれ。東京都出身。188cm、84kg。
所属歴：宇喜田SC→FRIENDLYJrユース→帝京高→横浜FC→FC琉球→横浜FC→松本山雅FC→FC琉球→松本山雅FC→藤枝MYFC→東京23FC→藤枝MYFC→VONDS市原FC

RYUJI ITO

池庭 諒耶 35 DF

いけにわ　りょうや

1997年12月17日生まれ。岐阜県出身。186cm、80kg。
所属歴：小泉少年サッカークラブ→名古屋グランパスU-12→名古屋グランパスU-15→名古屋グランパスU-18→青山学院大学

RYOYA IKENIWA

大野 哲煥 31 GK

おおの　ちょるふぁん

1993年10月25日生まれ。島根県出身。186cm、82kg。
所属歴：サンパルス浜田FC→レスポール浜田FC→サンフレッチェ広島ユース→城西国際大→ジェフユナイテッド市原・千葉

CHOLHWAN ONO

温井 駿斗 28 DF

ぬくい　はやと

1996年11月14日生まれ。大阪府出身。177cm、70kg。
所属歴：FCファルコン→高槻第九中→セレッソ大阪U-18→セレッソ大阪→FC鈴鹿ランポーレ→セレッソ大阪

HAYATO NUKUI

写真提供・栃木SC

早乙女達海 37 MF

そおとめ　たつみ

1999年6月22日生まれ。宇都宮市出身。174cm、69kg。
所属歴：都賀クラブジュニア→栃木SCJrユース→栃木SCユース→栃木SC→ブランデュー弘前FC→栃木SC→ブランデュー弘前FC

TATSUMI SOTOME

荒井秀賀 32 MF

あらい　しゅうが

1999年10月29日生まれ。山形県出身。170cm、68kg。
所属歴：S.F.C.ジェラーレ→ベガルタ仙台ジュニア→ベガルタ仙台Jrユース→ベガルタ仙台ユース→栃木SC→ブランデュー弘前FC

SHUGA ARAI

小堀空 FW

こぼり　そら

2002年12月17日生まれ。宇都宮市出身。186cm、78kg。
所属歴：TEAMリフレSC→栃木SCJrユース→栃木SCU-18

SORA KOBORI

犬飼裕哉 GK

いぬかい　ゆうや

2004年2月5日生まれ。那須烏山市出身。183cm、75kg。
所属歴：FC西那須21アストロ→栃木SCJrユース→栃木SCU-18

YUYA INUKAI

韓　勇太 20 FW

ハン　ヨンテ

1996年10月30日生まれ、東京都出身。182cm、78kg。
所属歴：東京朝鮮第一中学校→東京朝鮮高校→朝鮮大学

HAN YONG THAE

オビ パウエル オビンナ 50 GK

オビ　パウエル　オビンナ

1997年12月18日生まれ。埼玉県出身。193cm、85kg。
所属歴：JFAアカデミー福島→流通経済大学→横浜F・マリノス

POWELL OBINNA OBI

栃木SC 2020シーズン 全42試合プレイバック

新型コロナウイルスの感染拡大という未曽有の事態により、
シーズンの中断、無観客試合、観客数の制限など大きな影響を受けた2020年。
コロナ禍と戦いながら走り抜け、昨シーズンの20位から10位へと
大きく飛躍したシーズンの全42試合を振り返る。

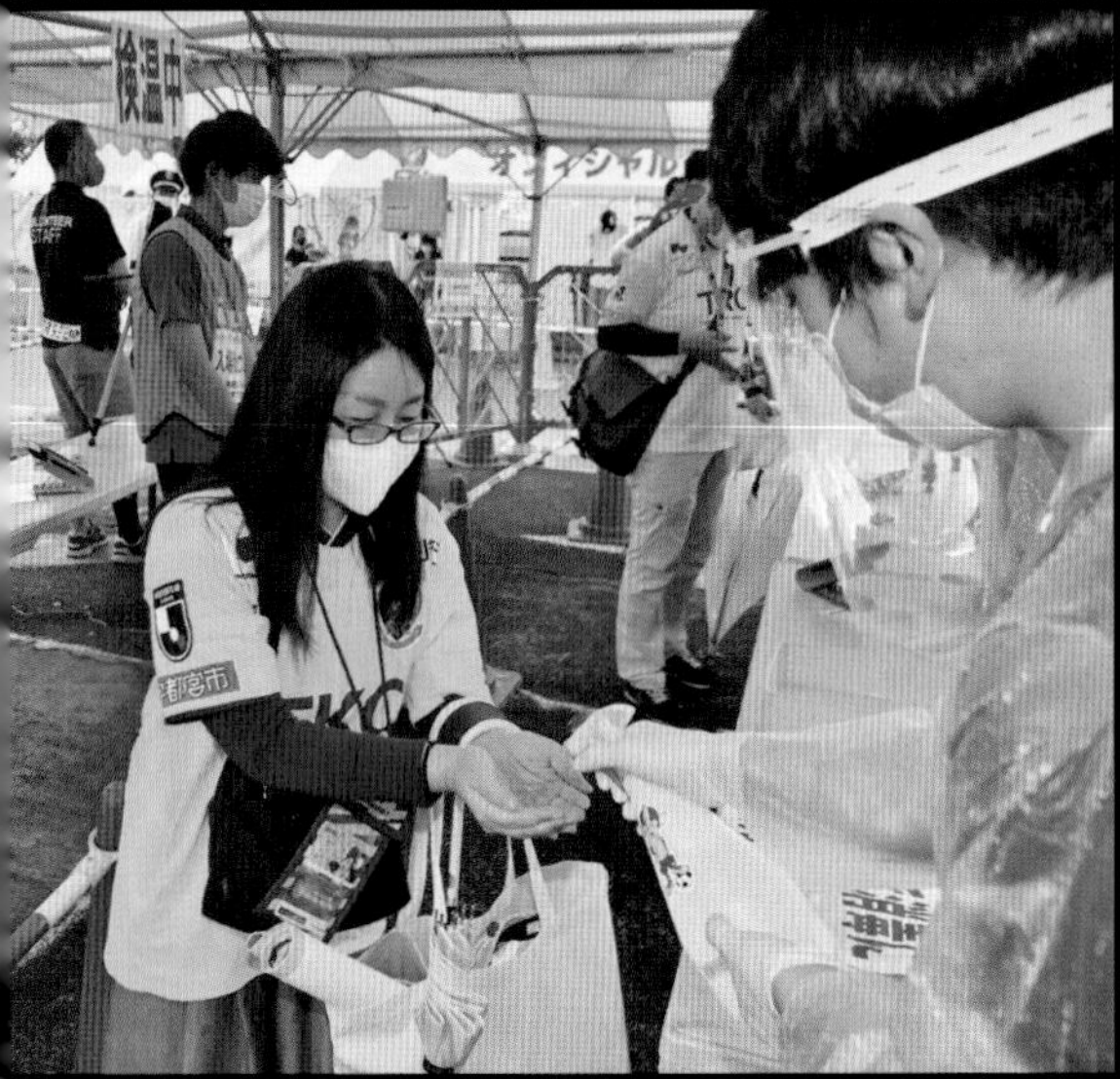

TOCHIGI SC 42 GAMES

SEASON PLAYBACK 2020

SEASON PLAYBACK 2020

栃木SC　2020シーズン全42試合プレイバック

2020シーズンの戦績と順位　　15勝13分け14敗

第1節	●	0－1	長崎	
第2節	●	0－1	山形	20位
第3節	△	1－1	東京V	20位
第4節	○	1－0	千葉	16位
第5節	○	1－0	大宮	10位
第6節	●	0－1	金沢	15位
第7節	●	0－2	町田	19位
第8節	○	1－0	群馬	14位
第9節	△	0－0	新潟	13位
第10節	○	1－0	山口	10位
第11節	○	2－1	岡山	9位
第12節	△	0－0	愛媛	10位
第13節	△	2－2	琉球	11位
第14節	●	0－1	福岡	11位
第15節	○	1－0	甲府	7位
第16節	△	2－2	北九州	11位
第17節	○	2－1	水戸	8位
第18節	●	0－1	徳島	10位
第19節	△	1－1	松本	11位
第20節	○	3－2	磐田	7位
第21節	●	2－3	京都	9位
第22節	○	2－0	町田	7位
第23節	●	0－1	福岡	8位
第24節	●	0－1	長崎	10位
第25節	△	0－0	大宮	11位
第26節	●	0－1	山形	13位
第27節	△	0－0	東京V	12位
第28節	○	4－1	琉球	11位
第29節	○	1－0	愛媛	9位
第30節	△	0－0	甲府	10位
第31節	△	0－0	松本	9位
第32節	○	1－0	京都	8位
第33節	●	0－2	徳島	10位
第34節	●	0－1	北九州	11位
第35節	●	1－3	水戸	12位
第36節	○	3－2	岡山	12位
第37節	○	2－0	山口	11位
第38節	△	2－2	新潟	11位
第39節	△	2－2	群馬	11位
第40節	△	1－1	金沢	11位
第41節	○	1－0	千葉	9位
第42節	●	1－2	磐田	10位

第 1 節　2月23日(土)

長崎県トランスコスモススタジアム長崎=9436人

V・ファーレン長崎 × 栃木SC

6季連続で開幕戦白星を逃す

　開幕戦でV・ファーレン長崎と対戦、0－1で惜敗した。J2では2018年から3季連続、J3時代も含めると15年から6季連続で開幕戦の白星を逃した。元日本代表のFW矢野貴章、大卒新人のMF明本考浩ら新加入の6人が先発。前半開始早々から前線へのロングボールを多用して好機を作るも決めきれず、逆に22分に相手の左CKをファーサイドで合わされ、決勝点を奪われた。

長崎		栃木
1勝(3)		1敗(0)
1	1－0 0－0	0
高木和	GK	川田
フレイ		溝渕
角田		柳
二見		田代
米田		瀬川
カイセ		明本
秋野		佐藤
亀川		岩間
吉岡		大﨑
富樫		矢野
沢田		有馬
(3・4・3)		(4・4・2)
6	SH	7
4	CK	4
9	FK	9
0	PK	0

○得点
【長】フレイレ①
○交代
【長】畑(後27分、富樫)
気田(後36分、沢田)
毎熊(後49分、吉岡)
【栃】韓勇太(後13分、有馬)
エスク(後34分、大﨑)
榊(後43分、明本)

第 2 節　6月27日(土)

山形県NDソフトスタジアム山形＝無観客

モンテディオ山形 × 栃木SC

再三の好機生かせず無得点で連敗

　無観客試合でモンテディオ山形と対戦、開幕戦に続いて0－1で敗れた。新加入のFWエスクデロ競飛王、DF髙杉亮太、GK塩田仁志が初先発。開始直後は相手へのプレッシャーを強めて押し気味にゲームを進めたが、18分にゴール前でセカンドボールを拾われ、先制ゴールを許した。後半は再三、セットプレーから好機をつくったものの決定力を欠き、2試合連続の無得点で連敗を喫した。

山形		栃木
1勝1敗(3)		2敗(0)
1	1－0 0－0	0
櫛引	GK	塩田
熊本		溝渕
栗山		柳
松本怜		髙杉
末吉		瀬川
本田		明本
中村駿		岩間
山田		佐藤
渡辺		大﨑
大槻		矢野
山岸		エスク
(3・4・3)		(4・4・2)
8	SH	7
3	CK	13
18	FK	11
0	PK	0

○得点
【山】渡辺①
○交代
【山】南(後39分、渡辺)
Vアラ(後39分、大槻)
加藤(後43分、末吉)
野田(後49分、山岸)
【栃】森(後17分、大﨑)
韓勇太(後17分、エスク)
禹相皓(後28分、岩間)
田代(後46分、明本)

第3節　7月5日(日)

栃木県グリーンスタジアム＝無観客

栃木SC × 東京ヴェルディ

ホーム開幕戦も初白星ならず

　東京ヴェルディとのホーム開幕戦を勝利で飾ることはできなかった。大卒新人のMF森俊貴、J2通算50試合目の出場となるFW榊翔太が今季初先発。前半18分に榊のFKがポストを直撃、23分には右クロスに反応したFW矢野貴章が立て続けにシュートを放つも決めきれず。後半4分にMF明本考浩のシュートが相手ハンドを誘い、榊がPKで今季初得点を挙げた。しかし、それもつかの間、12分に左サイドから崩され同点に追い付かれ、今季初勝利はお預けとなった。

栃　木 1分け2敗(1)		東京V 2分け1敗(2)
1	0－0 1－1	1
塩　田	GK	柴　崎
髙　杉		若　狭
田　代		高　橋
瀬　川		平
溝　渕		藤　本
佐　藤		佐　藤
岩　間		井　上
森		井　出
明　本		山　下
榊		瑞　戸
矢　野		奈良輪
(3・6・1)		(3・4・3)
9	SH	5
5	CK	3
4	FK	20
1	PK	0

○得点
【栃】榊（ＰＫ）①
【Ｖ】佐藤①
○交代
【栃】禹相皓(後20分、岩間)
エスク(後20分、榊)
和田(後26分、森)
柳(後45分、溝渕)
【Ｖ】森田(後1分、井上)
福村(後6分、藤本)
藤田(後38分、井出)

第4節　7月11日(土)

千葉県フクダ電子アリーナ千葉＝2717人

栃木SC × ジェフユナイテッド千葉

待望の今季初勝利挙げる

　ジェフユナイテッド千葉を相手に待望の今季初勝利を挙げた。今季、本職のFWではなく、右サイドバックに挑戦する大島康樹が初先発。前半34分、DF瀬川和樹の左クロスにFW矢野貴章が頭で合わせ、移籍後初得点となる先制ゴールを奪った。後半は相手の猛反撃に遭ったが、DF田代雅也らが激しいマークで対応。最後まで集中力を切らさずに守り切り、そのまま逃げ切った。

栃　木 1勝1分け2敗(4)		千　葉 2勝2敗(6)
1	1－0 0－0	0
塩　田	GK	新井章
髙　杉		田　坂
田　代		張敏圭
瀬　川		増　嶋
明　本		下　平
佐　藤		田　口
岩　間		高　橋
森		米　倉
大　島		堀　米
矢　野		山　下
榊		クレー
(3・4・3)		(4・4・2)
11	SH	8
6	CK	4
14	FK	17
0	PK	0

○得点
【栃】矢野①
○交代
【千】船山(後1分、堀米)
川又(後1分、クレー)
見木(後23分、高橋)
為田(後34分、米倉)
【栃】韓勇太(後22分、榊)
禹相皓(後32分、岩間)
山本(後50分、森)

第5節　7月15日（水）

栃木県グリーンスタジアム＝944人

栃木SC × 大宮アルディージャ

接戦をものにし2試合連続完封勝利

今季首位に立つ大宮アルディージャと対戦、1－0で接戦をものにした。ツートップの一角でFW韓勇太、ボランチで禹相皓が今季初先発。序盤から相手に攻め込まれたが、GK塩田仁志の好セーブなどでしのぎ、前半を0－0で折り返した。後半開始直後にFW矢野貴章を投入。14分にドリブルで切り込んだMF明本考浩がPKを獲得し、これを矢野が決めて先制に成功した。その後の相手の反撃をしのぎ切り、2試合連続の完封勝利を挙げた。

栃　木		大　宮
2勝1分け2敗（7）		4勝1敗（12）
1	0－0 1－0	0
塩　田	GK	クリャ
柳		渡　部
髙　杉		西　村
瀬　川		山　越
明　本		河　面
佐　藤		小　島
禹相皓		石　川
森		シノヅ
大　島		黒　川
韓勇太		翁　長
榊		戸　島
（3・4・3）		（4・5・1）
10	SH	6
6	CK	3
6	FK	14
1	PK	0

○**得点**
【栃】矢野（ＰＫ）②
○**交代**
【栃】矢野（後1分、韓勇太）
西谷（後24分、禹相皓）
エスク（後36分、榊）
和田（後49分、明本）
【宮】ハスキ（後3分、戸島
大山（後15分、石川）
奥抜（後15分、シノヅ）
マクシ（後30分、山越）
近藤（後30分、翁長）

第6節　7月19日（日）

栃木県グリーンスタジアム＝1456人

ツエーゲン金沢 × 栃木SC

好機に決め切れず3連勝逃す

ツエーゲン金沢を相手に3連勝を狙ったが、決定力を欠き、0－1と完封負けを喫した。下部組織出身のMF山本廉が初先発。前半から相手にボールを支配され、29分に右サイドを崩されると、速いクロスを相手FWに頭で押し込まれ先制を許した。その後、MF森俊貴、FW榊翔太、FW矢野貴章らが何度も惜しいシュートを放ったものの、度重なる好機に決めきれなかった。

金　沢		栃　木
2勝1分け3敗（7）		2勝1分け3敗（7）
1	1－0 0－0	0
白　井	GK	塩　田
長谷川		髙　杉
石　尾		田　代
広　井		瀬　川
下　川		山　本
窪　田		佐　藤
大　橋		岩　間
藤　村		森
島　津		大　島
ルカオ		韓勇太
杉浦恭		榊
（4・4・2）		（3・4・3）
13	SH	9
2	CK	5
15	FK	13
0	PK	0

○**得点**
【金】杉浦恭①
○**交代**
【栃】明本（後1分、山本）
禹相皓（後1分、岩間）
矢野（後1分、韓勇太）
西谷（後24分、瀬川）
エスク（後34分、榊）
【金】金子（後18分、窪田）
加藤（後18分、杉浦恭）
西田（後26分、島津）
作田（後34分、広井）
杉浦力（後34分、ルカオ）

第7節　7月26日(日)

東京都町田ＧＩＯＮスタジアム＝721人

FC町田ゼルビア × 栃木SC

2戦連続零封負けを喫す

FC町田ゼルビアに0-2と完敗を喫した。前節から4人を入れ替えて臨んだ一戦。序盤から激しいプレッシャーで主導権を握ったものの、FW矢野貴章、MF明本考浩らがシュートを決めきれず。逆に23分、ショートコーナーから相手FWに体で押し込まれて先制点を献上し、45分にも同じ形で追加点を与えてしまった。後半は相手の粘り強い守備を崩せず2試合連続の完封負けとなった。

町田		栃木
2勝4分け1敗(10)		2勝1分け4敗(7)
2	2－0 0－0	0
秋元		塩田
小田		髙杉
深津		田代
水本		瀬川
奥山		溝渕
高江		佐藤
佐野		禹相皓
吉尾		森
平戸		明本
マソビ		矢野
安藤		榊
(4・5・1)		(3・4・3)
7	SH	16
3	CK	8
17	FK	19
0	PK	0

○得点
【町】マソビッチ①小田①
○交代
【町】森村(後29分、吉尾)
ステフ(後29分、安藤)
土居(後34分、マソビ)
酒井(後49分、小田)
バブン(後49分、平戸)
【栃】川田(後15分、塩田)
大島(後24分、溝渕)
大﨑(後24分、禹相皓)
エスク(後24分、榊)
有馬(後47分、佐藤)

第8節　7月29日(水)

群馬県正田醤油スタジアム群馬＝593人

栃木SC × ザスパクサツ群馬

攻守一丸となり連敗止める

J3から昇格したザスパクサツ群馬と対戦、1-0で競り勝った。DF井出敬太、MF西谷優希が今季初先発。前半は押し込まれる苦しい展開となったが、GK川田修平の好セーブなどでピンチを脱出。24分に敵陣中央で細かくパスをつなぎ、最後はMF大﨑淳矢がミドルシュートを決めて先制した。後半はFWエスクデロ競飛王の退場により相手の猛攻にさらされたが、最終ラインを中心に高い集中力と運動量でしのぎ切った。

栃木		群馬
3勝1分け4敗(10)		1勝7敗(3)
1	1－0 0－0	0
川田	GK	松原
田代		船津
井出		岡村
瀬川		内田
明本		小島
西谷		田中
佐藤		宮阪
大﨑		岩上
大島		白石
有馬		林
エスク		大前
(3・4・3)		(4・4・2)
4	SH	10
1	CK	10
7	FK	14
0	PK	0

○得点
【栃】大﨑①
○交代
【群】金城(後21分、内田)
進(後21分、白石)
高瀬(後26分、小島)
青木(後39分、田中)
【栃】矢野(後1分、有馬)
和田(後41分、明本)
山本(後41分、大﨑)
柳(後50分、西谷)

第9節 8月2日(日)

栃木県グリーンスタジアム＝1953人

栃木SC × アルビレックス新潟

優位な展開もゴール決めきれず

アルビレックス新潟と0－0で引き分け。MF明本考浩が今季初めてツートップの一角で先発。前半はMF森俊貴やFW矢野貴章がシュートを放つも決めきれず。後半は一進一退の攻防となり、8分の相手の強烈なシュートはGK川田修平が好セーブでストップ。23分にMF西谷優希の相手ディフェンスラインの裏へのパスに森が反応したものの決めきれず、ロスタイムにも森がドリブルでゴール前に迫ったが決めきれなかった。

栃　木 3勝2分け4敗(11)		新　潟 3勝5分け1敗(14)
0	0－0 0－0	0
川田		藤田
高杉		新井
田代		マウロ
瀬川		舞行龍
溝渕		堀米
佐藤		ゴンザ
西谷		島田
森		中島
明本		秋山
矢野		渡辺
大﨑		マンジ
(3・4・3)		(4・4・2)
10	SH	9
2	CK	4
10	FK	17
0	PK	0

○交代
【栃】榊(後1分、大﨑)
和田(後41分、榊)
有馬(後48分、明本)
【新】本間(後11分、堀米)
大本(後11分、秋山)
シルビ(後11分、マンジ)

第10節 8月8日(土)

山口県維新みらいふスタジアム＝1688人

栃木SC × レノファ山口FC

栃　木 4勝2分け4敗(14)		山　口 2勝2分け6敗(8)
1	0－0 1－0	0
川田		山田
高杉		真鍋
田代		ヘニキ
瀬川		安在
溝渕		川井
西谷		高
佐藤		池上
森		吉浜
明本		浮田
矢野		イウリ
大島		河野
(3・4・3)		(3・5・2)
8	SH	9
2	CK	5
17	FK	22
0	PK	0

○得点
【栃】大島①
○交代
【口】森(前10分、吉浜)　田中パ(後17分、浮田)
高井(後17分、河野)　小松(後37分、安住)
【栃】有馬(後25分、矢野)　榊(後28分、明本)
柳(後47分、西谷)

相手猛攻しのぎ完封勝利飾る

レノファ山口FCを1－0で撃破した。FW登録ながらサイドバックにコンバートされた大島康樹が今季初めて右サイドハーフで先発。序盤からセカンドボール争いで優位に立ち、左サイドを起点に攻撃を展開した。0－0で折り返した後半1分、右サイドからドリブルでペナルティーエリアに切り込んだ大島が右隅へシュートを突き刺し、先制に成功。相手の反撃をしのいで勝利をもぎとった。

第 11 節　8月12日(水)

栃木県グリーンスタジアム＝1784人

栃木SC ╳ ファジアーノ岡山

柳が劇的勝ち越しヘッド決める

後半ロスタイムに途中出場のDF柳育崇が劇的な勝ち越しゴールを決め、2－1でファジアーノ岡山に競り勝った。前半2分、右CKの折り返しを相手MFに押し込まれ、4試合ぶりの失点を喫したが、そこから猛反撃を開始。25分にFW明本考浩がPKを獲得し、シュートはGKに止められたものの、こぼれ球を冷静に押し込んで同点。そして後半ロスタイム、DF瀬川和樹の左サイドからのクロスを柳が頭で合わせ、土壇場で勝ち越した。

栃木 5勝2分け4敗(17)		岡山 3勝3分け5敗(12)
2	1－1 1－0	1
川田	GK	ボーブ
髙杉		椋原
田代		浜田
瀬川		崔程援
溝渕		徳元
佐藤		野口
西谷		白井
森		上田
明本		上門
大島		清水
山本		斉藤
(3・4・3)		(4・4・2)
9	SH	2
5	CK	3
7	FK	15
1	PK	0

○得点
【栃】明本①柳①
【岡】野口①

○交代
【栃】有馬(後16分、山本)
エスク(後33分、大島)
柳(後47分、佐藤)
【岡】後藤(前29分、野口)
関戸(後14分、上田)
李勇載(後14分、清水)
下口(後33分、椋原)
山本(後33分、上門)

第 12 節　8月16日(日)

栃木県グリーンスタジアム＝1964人

栃木SC ╳ 愛媛FC

決めきれずスコアレスドロー

愛媛FCと0－0で引き分けた。MF和田達也が今季初、MF岩間雄大が6試合ぶりに起用されるなど前節から3人の先発陣を入れ替えて臨んだ一戦。前半15分、早いパス回しからMF明本考浩がシュートを放つも枠の外へ。28分には和田が強烈なシュートを放ったが、相手DFにブロックされた。後半は相手の攻めに粘り強い守りで対応したが、攻撃は最後まで不発に終わった。

栃木 5勝3分け4敗(18)		愛媛 2勝3分け7敗(9)
0	0－0 0－0	0
川田	GK	岡本
髙杉		西岡志
田代		山崎
瀬川		池田
溝渕		茂木
禹相皓		小暮
岩間		長沼
森		渡辺一
明本		田中
大島		森谷
和田		丹羽
(3・4・3)		(5・4・1)
10	SH	5
5	CK	6
9	FK	15
0	PK	0

○交代
【栃】西谷(後12分、禹相皓)
佐藤(後12分、岩間)
山本(後12分、和田)
エスク(後32分、大島)
【愛】山瀬(後1分、西岡志)
前野(後1分、池田)
川村(後1分、渡辺一)
有田(後24分、丹羽)
横谷(後31分、田中)

第13節 8月19日(水)

沖縄県タピック県総ひやごんスタジアム＝無観客

FC琉球 × 栃木SC

2度の勝ち越し生かせずドロー

FC琉球と2-2で引き分けた。夏場の5連戦4戦目で、前節からDF瀬川和樹らを外し、先発7人を入れ替えて臨んだ。前半から主導権を握り、11分、カウンターからFW榊翔太が今季2点目となるゴールで先制。後半30分、ロングボールに走り込んだ相手FWに同点とされるも、途中出場の韓勇太が鮮やかなヘディングシュートを決めて再び勝ち越した。しかし、42分に右クロスから再び失点し、2戦連続の引き分けに終わった。

琉球 3勝5分け5敗(14)		栃木 5勝4分け4敗(19)
2	0－1 2－1	2
カルバ	GK	川田
鳥養		髙杉
鈴木		田代
福井		柳
沼田		黒﨑
山口		西谷
上里		佐藤
富所		山本
田中		森
河合		有馬
阿部		榊
(4・5・1)		(3・4・3)
7	SH	7
6	CK	2
12	FK	8
0	PK	0

○得点
【琉】上原慎2③
【栃】榊②韓勇太①
○交代
【琉】池田(後1分、上里)
小泉(後1分、富所)
風間矢(後16分、鳥養)
上原慎(後29分、河合)
上原牧(後41分、田中)
【栃】明本(後1分、山本)
大島(後11分、有馬)
韓勇太(後29分、榊)
井出(後39分、柳)

第14節 8月23日(日)

栃木県グリーンスタジアム＝1875人

アビスパ福岡 × 栃木SC

攻めきれず7試合ぶりの黒星喫す

アビスパ福岡に0-1で敗れた。ホームで迎えた5連戦の最終戦。前半、球際の激しさで優位に試合を運んだものの、17分、GK川田修平のハンドで献上したFKを相手外国人DFに決められ先制点を奪われた。その後は一進一退の攻防が続き、後半に入ってDF瀬川和樹、MF森俊貴らが再三、相手ゴールに迫ったが、得点には至らず、7試合ぶりの黒星を喫してしまった。

福岡 5勝3分け5敗(18)		栃木 5勝4分け5敗(19)
1	1－0 0－0	0
セラン	GK	川田
湯沢		髙杉
サロモ		田代
篠原		瀬川
上島		溝渕
増山		岩間
田辺		禹相皓
菊池		山本
松本		森
ファン		明本
遠野		大島
(4・4・2)		(3・4・3)
2	SH	8
3	CK	3
13	FK	12
0	PK	0

○得点
【福】サロモンソン①
○交代
【栃】西谷(後17分、岩間)
佐藤(後17分、禹相皓)
韓勇太(後17分、山本)
エスク(後31分、大島)
柳(後41分、溝渕)
【福】東家(後24分、菊池)
三国(後33分、増山)
藤井(後41分、サロモ)

第 15 節　8月30日(日)

山梨県山梨中銀スタジアム＝2188人

栃木SC × ヴァンフォーレ甲府

西谷J初ゴールで競り勝ち

ヴァンフォーレ甲府を相手に1-0と4試合ぶりの白星を挙げた。前半は7試合ぶり先発のFWエスクデロ競飛王、FW明本考浩らが再三好機をつくるが、相手GKの好セーブに阻まれるなどして得点ならず。後半も押し気味に試合を進める中、6分に右サイドのDF溝渕雄志のクロスにMF西谷優希が頭で合わせ、Jリーグ初ゴールを決めた。その後も相手にほとんど決定機をつくらせないままリードを守り切った。

栃木 6勝4分け5敗(22)		甲府 5勝7分け3敗(22)
1	0-0 1-0	0
川田	GK	岡西
高杉		小林
田代		今津
瀬川		中塩
溝渕		内田
西谷		新井
佐藤		山田
森		中村
明本		太田
大島		泉沢
エスク		ラファ
(3・4・3)		(4・3・3)
11	SH	4
5	CK	2
14	FK	10
0	PK	0

○得点
【栃】西谷①
○交代
【甲】宮崎(後10分、泉沢)
金園(後10分、ラファ)
武田(後21分、山田)
松田(後21分、太田)
藤田(後32分、小林)
【栃】矢野(後10分、エスク)
禹相皓(後35分、西谷)
柳(後47分、明本)

第 16 節　9月2日(水)

栃木県グリーンスタジアム＝1158人

栃木SC × ギラヴァンツ北九州

栃木 6勝5分け5敗(23)		北九州 11勝2分け3敗(35)
2	1-0 1-2	2
川田	GK	永井
高杉		福森
田代		岡村
瀬川		村松
溝渕		永田
佐藤		高橋大
西谷		新垣
森		加藤
大島		椿
矢野		ディサ
明本		町野
(3・4・3)		(4・4・2)
6	SH	5
1	CK	3
11	FK	17
0	PK	0

○得点
【栃】西谷②明本②
【北】町野⑥鈴木②
○交代
【栃】榊(後28分、明本)　有馬(後35分、大島)
岩間(後40分、佐藤)　禹相皓(後40分、西谷)
【北】藤原(後11分、加藤)　佐藤亮(後17分、椿)
鈴木(後17分、ディサ)　野口(後38分、福森)
内藤(後38分、新垣)

終盤2失点、痛恨の引き分け

9連勝中のギラヴァンツ北九州と2-2で引き分けた。前半30分、ペナルティーエリア手前でこぼれ球を収めたMF西谷優希がゴール左隅にミドルシュートを決めて先制。後半5分には、左からのスローインを胸トラップしたFW明本考浩がダイレクトボレーを決めて追加点を奪った。しかし、20分過ぎから押し込まれる展開が続き、29分、37分とゴールを許し無念の引き分けに終わった。

第 17 節　9月6日(日)

茨城県ケーズデンキスタジアム水戸＝2001人

栃木SC × 水戸ホーリーホック

柳、土壇場の決勝弾で逆転勝ち

水戸ホーリーホックに2-1と競り勝ち、「北関東ダービー」を制した。DF黒﨑隼人ら下部組織出身4人が先発し、GKオビ・パウエル・オビンナはプロ初出場。1点を追う後半、22分に黒﨑のクロスを逆サイドに走り込んだDF田代雅也が押し込んで同点とした。さらに、ロスタイムには途中出場で前線へ投入された本来はDFの柳育崇が左からのクロスを頭で合わせ、劇的な逆転ゴールを決めた。

栃　木 7勝5分け5敗(26)		水　戸 5勝5分け7敗(20)
2	0－1 2－0	1
オ　ビ	GK	牲　川
髙　杉		住　吉
田　代		細　川
瀬　川		乾
黒　﨑		前　嶋
佐　藤		安　東
岩　間		山　田
山　本		山　谷
明　本		森
大　島		アレフ
森		奥　田
(3・5・2)		(3・4・3)
18	SH	8
9	CK	1
13	FK	18
0	PK	0

○得点
【栃】田代①柳②
【水】アレフビットブル④
○交代
【水】三国(後1分、住吉)
山口(後22分、山谷)
松崎(後29分、森)
中山仁(後29分、アレフ)
木村(後41分、山田)
【栃】西谷(後17分、岩間)
有馬(後25分、山本)
柳(後46分、大島)

第 18 節　9月9日(水)

栃木県グリーンスタジアム＝1865人

徳島ヴォルティス × 栃木SC

徳島の堅守崩せず4戦ぶり黒星

徳島ヴォルティスに0-1と惜敗した。栃木SCのMF西谷優希、徳島のMF西谷和希の双子が相まみえた一戦。前半から再三攻めこまれる苦しい展開となったが、GK川田修平が好セーブを連発して失点のピンチをしのいだ。後半開始には右FKにDF田代雅也が頭で合わせるもクロスバー。6分にはショートコーナーからミドルシュートを決められ、そのまま逃げ切られた。

徳　島 11勝3分け4敗(36)		栃　木 7勝5分け6敗(26)
1	0－0 1－0	0
上福元	GK	川　田
石　井		髙　杉
ドゥシ		田　代
田　向		瀬　川
岩　尾		溝　渕
小　西		佐　藤
藤　田		西　谷
西　谷		山　本
渡　井		森
杉　森		大　島
垣　田		明　本
(3・5・2)		(3・4・3)
9	SH	9
10	CK	0
15	FK	11
0	PK	0

○得点
【徳】小西②
○交代
【栃】禹相皓(後24分、佐藤)
有馬(後24分、山本)
矢野(後24分、大島)
黒﨑(後41分、西谷)
柳(後45分、溝渕)
【徳】岸本(後1分、藤田)
鈴木(後30分、杉森)
河田(後46分、渡井)
内田(後47分、西谷)

第19節　9月13日(日)

栃木県グリーンスタジアム＝2057人

栃木SC × 松本山雅FC

栃木		松本
7勝6分け6敗(27)		4勝6分け9敗(18)
1	1－1 0－0	1
川田	GK	村山
黒﨑		前
柳		大野
田代		乾
山本		鈴木
岩間		塚川
西谷		杉本
溝渕		藤田
明本		セルジ
大島		阪野
森		ジャエ
(3・4・3)		(4・3・3)
10	SH	7
5	CK	8
14	FK	11
0	PK	0

○得点

【栃】山本①【松】乾①

○交代

【栃】瀬川(後19分、黒﨑)　佐藤(後19分、岩間)
矢野(後30分、山本)　エスク(後35分、大島)
【松】米原(後1分、塚川)　高木利(後29分、前)
服部(後38分、ジャエ)

山本先制弾も追い付かれドロー

松本山雅FCと1－1の引き分け。前半早々から攻勢をかけ、3分にMF山本廉のJリーグ初ゴールで先制に成功した。しかし、11分に相手CKから前栃木SCのDF乾大知に押し込まれて同点とされる。後半は、FW明本考浩、DF溝渕雄志らがゴールを狙うも決まらず。その後は、FW矢野貴章、FWエスクデロ競飛王を投入したものの、最後まで勝ち越し点を奪えなかった。

第20節　9月19日(土)

静岡県ヤマハスタジアム＝3354人

栃木SC × ジュビロ磐田

ロスタイムに柳が勝ち越しゴール決める

ジュビロ磐田を相手に劇的な逆転勝ちを収めた。4試合ぶりにFW矢野貴章が先発復帰。前半10分にカウンターから相手外国人FWに先制ゴールを決められたが、後半開始早々にFW明本考浩がPKを獲得し、これを矢野が決めて同点に。8分にPKで勝ち越し点を許したものの、36分に再びPKを獲得した明本が自ら決めて同点。ロスタイムに途中出場で前線に入ったDF柳育崇がシュートのこぼれ球を押し込んで勝利をものにした。

栃木		磐田
8勝6分け6敗(30)		7勝8分け5敗(29)
3	0－1 3－1	2
川田	GK	杉本
髙杉		大井
田代		小川大
瀬川		山本義
溝渕		上原
佐藤		大森
西谷		山田
山本		伊藤
明本		ムサエ
矢野		小川航
森		ルキア
(3・4・3)		(3・5・2)
8	SH	10
5	CK	1
13	FK	20
2	PK	1

○得点

【栃】矢野(ＰＫ)③
明本(ＰＫ)③
柳③【磐】
ルキアン２(ＰＫ)⑨

○交代

【磐】松本(後29分、大森)
山本康(後40分、ムサエ)
ルリー(後40分、小川航)
中野(後47分、大井)
【栃】大島(後1分、森)
エスク(後16分、矢野)
黒﨑(後34分、溝渕)
榊(後34分、山本)
柳(後45分、西谷)

第21節　9月23日(水)

京都府サンガスタジアムｂｙＫＹＯＣＥＲＡ＝1797人

京都サンガF.C. × 栃木SC

先制も堅守崩され連勝逃す

京都サンガF. C. を相手に先制するも、2 - 3と逆転を喫し、連勝を逃した。前半開始早々からFWエスクデロ競飛王を軸に攻め立て、31分にカウンターのパスに抜け出したFW明本考浩がドリブルからシュートを放ち先制したが、43分に右サイドを崩され同点に。後半は31分に勝ち越し点を献上し、その直後にもPKを決められてしまう。44分にDF柳育崇のゴールで1点差としたが、反撃もそこまでだった。

京都 9勝7分け5敗(34)		栃木 8勝6分け7敗(30)
3	1－1 2－1	2
若原	GK	川田
飯田		髙杉
黒木恭		田代
本多		瀬川
バイス		溝渕
上夷		佐藤
庄司		西谷
谷内田		山本
福岡		エスク
ウタカ		明本
野田		大島
(5・3・2)		(3・4・3)
13	SH	11
5	CK	3
13	FK	6
1	PK	0

○得点
【京】ウタカ２（ＰＫ１）⑮福岡①【栃】明本④柳④
○交代
【京】荒木(後16分、野田)
川崎(後32分、谷内田)
上月(後42分、飯田)
森脇(後42分、本多)
ジニー(後42分、ウタカ)
【栃】矢野(後12分、エスク)
有馬(後12分、大島)
柳(後34分、髙杉)
岩間(後41分、佐藤)
禹相皓(後41分、西谷)

第22節　9月27日(日)

栃木県グリーンスタジアム＝2203人

栃木 9勝6分け7敗(33)		町田 7勝8分け7敗(29)
2	1－0 1－0	0
オビ	GK	秋元
黒﨑		小田
柳		深津
田代		水本
山本		奥山
岩間		吉尾
西谷		高江
溝渕		佐野
明本		平戸
矢野		バブン
森		安藤
(3・4・3)		(4・4・2)
11	SH	4
9	CK	6
9	FK	12
0	PK	0

○得点
【栃】柳⑤森①
○交代
【栃】佐藤(後14分、西谷)
瀬川(後14分、溝渕)
有馬(後38分、山本)
エスク(後43分、明本)
【町】岡田(後1分、吉尾)
ジョン(後1分、バブン)
ステフ(後19分、安藤)
森村(後31分、小田)
酒井(後31分、水本)

FC町田ゼルビア × 栃木SC

完勝ゲームで後半戦好スタート

FC町田ゼルビアに2 - 0と完勝、今季後半戦初戦を白星で飾った。押し気味に試合を進めた前半43分、右CKからニアサイドに飛び込んだ柳育崇が頭で合わせて先制に成功した。後半は開始直後から相手に押し込まれたが、強固なブロックで対応。27分、ドリブルで切り込んだFW森俊貴のプロ初ゴールで追加点を奪い、その後もかさにかかった攻撃で相手を圧倒し続けた。

第23節 9月30日(水)

福岡県ベスト電器スタジアム＝1878人

アビスパ福岡 × 栃木SC

一瞬のスキ突かれ５試合ぶりの完封負け

アビスパ福岡に0-1で敗れた。FW有馬幸太郎が10試合ぶり、GKオビ・パウエル・オビンナが2試合連続の先発出場。前半は互いに決定機を欠いたまま、試合を折り返し。後半10分にこぼれ球を収めたMF森俊貴のミドルシュートは相手GKの好セーブに阻まれた。37分、ペナルティーエリア手前で与えたFKを直接突き刺され、先制を許してしまった。その後の反撃も実らず、5試合ぶりの完封負けを喫した。

福岡		栃木
13勝4分け6敗(43)		9勝6分け8敗(33)
1	0-0 1-0	0
村上	GK	オビ
三国		柳
桑原		田代
藤井		瀬川
上島		黒崎
鈴木		佐藤
東家		西谷
田辺		森
菊池		明本
城後		有馬
木戸		エスク
(4・4・2)		(3・4・3)
5	SH	4
1	CK	5
21	FK	10
0	PK	0

○得点
【福】福満①
○交代
【福】福満(前42分、東家)
前(後11分、鈴木)
ファン(後11分、城後)
遠野(後11分、木戸)
輪湖(後17分、菊池)
【栃】山本(後12分、有馬)
矢野(後23分、エスク)
溝渕(後41分、黒﨑)
岩間(後41分、佐藤)
禹相皓(後41分、西谷)

第24節 10月4日(日)

栃木県グリーンスタジアム＝2701人

長崎		栃木
12勝7分け5敗(43)		9勝6分け9敗(33)
1	1-0 0-0	0
高木和	GK	オビ
毎熊		黒崎
フレイ		柳
二見		田代
亀川		山本
名倉		佐藤
カイセ		岩間
秋野		溝渕
沢田		明本
イバル		エスク
富樫		森
(4・4・2)		(3・4・3)
9	SH	11
6	CK	6
22	FK	3
0	PK	0

○得点
【長】名倉②
○交代
【栃】瀬川(後1分、黒﨑)
西谷(後16分、佐藤)
矢野(後31分、エスク)
韓勇太(後41分、山本)
大島(後41分、岩間)
【長】加藤大(後31分、イバル)
鹿山(後42分、名倉)
玉田(後42分、富樫)
米田(後51分、沢田)
ルアン(後51分、玉田)

V・ファーレン長崎 × 栃木SC

逸機が響き２試合連続の完封負け喫す

V・ファーレン長崎に0-1で惜敗。前半開始直後から主導権を握り、DF黒﨑隼人、DF溝渕雄志らがシュートを狙うも得点ならず。14分、相手MFに中央のドリブル突破からシュートを打たれ、先制点を献上した。後半はDF瀬川和樹を左サイドバックに投入し、サイド攻撃から好機をつくるも決定力を欠いてゴールを奪えない。最後まで相手の堅い守備を崩せず、2試合連続の完封負けを喫した。

第25節 10月10日(土)

埼玉県ＮＡＣＫ５スタジアム大宮＝1389人

大宮		栃木
9勝6分け10敗(33)		9勝7分け9敗(34)
0	0－0 0－0	0
笠原	GK	オビ
畑尾		柳
西村		田代
河面		瀬川
渡部		山本
小島		岩間
三門		西谷
シノヅ		溝渕
嶋田		エスク
黒川		矢野
イバ		森
(4・5・1)		(3・4・3)
11	SH	7
6	CK	3
12	FK	12
0	PK	0

大宮アルディージャ × 栃木SC

攻撃の精度を欠き3試合連続無得点

大宮アルディージャとスコアレスドローに終わった。開幕から全試合に出場していた明本考浩が累積警告で欠場。前半は決定機をつくれなかったものの、ロスタイムに相手MFの強烈なシュートをGKオビ・パウエル・オビンナが止め、無失点で折り返し。後半はFWエスクデロ競飛王にボールを集めて相手を押し込んだが、好機を得点に結びつけることができず3試合連続の無得点に終わった。

○交代
【宮】河本(前5分、河面)
高田(後25分、嶋田)
戸島(後25分、イバ)
酒井(後37分、渡部)
冨山(後37分、高田)
【栃】大島(後33分、山本)
黒﨑(後45分、溝渕)
韓勇太(後45分、エスク)
有馬(後45分、森)

第26節 10月14日(水)

栃木県グリーンスタジアム＝1583人

山形		栃木
9勝8分け9敗(35)		9勝7分け10敗(34)
1	1－0 0－0	0
佐藤	GK	オビ
山田		柳
熊本		田代
野田		瀬川
加藤		溝渕
岡崎		岩間
中村駿		西谷
松本怜		山本
渡辺		エスク
Vアラ		明本
南		大島
(3・4・3)		(3・4・3)
12	SH	4
4	CK	7
18	FK	11
0	PK	0

○得点
【山】ビニシウスアラウージョ③
○交代
【栃】黒﨑(後16分、溝渕)
矢野(後16分、山本)
大﨑(後33分、エスク)
榊(後40分、瀬川)
禹相皓(後40分、岩間)
【山】大槻(後27分、Vアラ)
前川(後27分、南)
末吉(後39分、加藤)
半田(後44分、渡辺)

モンテディオ山形 × 栃木SC

サイド攻撃不調でまたも無得点

モンテデイオ山形に0－1で敗れた。前半4分に獲得したFKをFW明本考浩が直接狙うも決まらず。29分に最終ラインのバックパスのミスから先制点を献上してしまう。43分、DF瀬川和樹がシュートを放つもゴールライン上にいた相手DFにブロックされる。後半はサイド攻撃の不調が響き、MF大﨑淳矢、FW榊翔太らを投入したが、最後までゴールを奪えなかった。

第 27 節 10月17日(土)

東京都味の素スタジアム＝1842人

東京ヴェルディ × 栃木SC

堅守光るも5試合連続の無得点

東京ヴェルディと対戦、0 - 0で引き分けた。FW榊翔太が14試合ぶり、MF禹相皓が13試合ぶりに先発出場。前半開始から高い位置でボールを奪って攻勢を強めたが、ＭＦ森俊貴、FW明本考浩のシュートはいずれも不発。以降は相手に押し込まれる展開となり、前半の終盤には決定的なシュート2本を許したが、いずれもGKオビ・パウエル・オビンナのブロックでしのいだ。その後は決め手を欠き、5戦連続の無得点に終わった。

東京V 10勝9分け8敗(39)		栃木 9勝8分け10敗(35)
0	0－0 0－0	0
マテウ	GK	オビ
藤田		柳
高橋		田代
平		黒﨑
クレビ		溝渕
山本		禹相皓
佐藤優		西谷
福村		森
井上		大島
山下		榊
端戸		明本
(3・5・2)		(3・4・3)
10	SH	13
3	CK	5
12	FK	7
0	PK	0

○交代
【V】新井(後半18分、山本)
森田(後18分、井上)
近藤(後36分、福村)
小池(後36分、端戸)
大久保(後44分、山下)
【栃】岩間(後17分、禹相皓)
山本(後17分、大島)
瀬川(後25分、溝渕)
矢野(後25分、榊)

第 28 節 10月21日(水)

栃木県グリーンスタジアム＝1382人

栃木SC × FC琉球

今季最多の4点を奪い6戦ぶり白星

今季最多の4ゴールを挙げFC琉球に快勝、6戦ぶりの白星となった。前半開始から運動量で相手を圧倒し、5分にFW榊翔太のバックヘッドで先制。29分に相手CKから同点とされたが、後半にゴールラッシュを見せる。11分にMF黒﨑隼人のミドルシュートを榊が太ももに充てて勝ち越し。さらに2分後には黒﨑の右クロスにMF森俊貴が頭で合わせて3点目、29分には再び黒﨑の右クロスを森が右足で流し込んで得点を重ねた。

栃木 10勝8分け10敗(38)		琉球 7勝6分け15敗(27)
4	1－1 3－0	1
オビ	GK	田口
柳		鳥養
田代		福井
溝渕		沼田
黒﨑		鈴木
岩間		風間希
禹相皓		河合
森		池田
大島		小泉
明本		市丸
榊		阿部
(3・4・3)		(4・5・1)
15	SH	9
6	CK	2
6	FK	12
0	PK	0

○得点
【栃】榊2④
森2③
【琉】沼田①
○交代
【栃】瀬川(後20分、溝渕)
大﨑(後20分、榊)
山本(後35分、森)
矢野(後35分、大島)
平岡(後42分、明本)
【琉】風間矢(後19分、池田)
上里(後19分、市丸)
人見(後19分、阿部)
茂木(後38分、河合)

第29節 10月25日(日)

愛媛県ニンジニアスタジアム＝1571人

栃　木		愛　媛
11勝8分け10敗(41)		5勝7分け17敗(22)
1	0－0 1－0	0
オ　ビ	GK	岡　本
柳		茂　木
田　代		山　崎
溝　渕		池　田
黒　崎		長　沼
岩　間		田　中
西　谷		川　村
森		三　原
山　本		丹　羽
明　本		森　谷
榊		藤　本
(3・4・3)		(3・4・3)
11	SH	6
3	CK	3
15	FK	14
0	PK	0

○得点
【栃】森④
○交代
【愛】前野(後1分、三原)
有田(後13分、藤本)
横谷(後18分、池田)
山瀬(後41分、田中)
吉田真(後41分、川村)
【栃】大島(後19分、榊)
矢野(後28分、山本)
瀬川(後39分、溝渕)
エスク(後39分、明本)

栃木SC × 愛媛FC

一丸の守りで連勝果たす

愛媛FCを1-0で退け連勝。前半開始早々から球際の強さで優位に立つと、FW榊翔太、FW山本廉らが次々にシュートを放つ。前半は無得点で折り返したが、後半8分、GKオビからのFKをペナルティーエリア左で収めたMF森俊貴が右足を振り抜き先制点。その後、相手攻勢にさらされたが、DF黒崎隼人らが素早い戻りで対応。継続したハイプレスで相手の攻撃の起点をつぶし、リードを守り切った。

第30節 11月1日(日)

栃木県グリーンスタジアム＝3742人

栃　木		甲　府
11勝9分け10敗(42)		11勝13分け6敗(46)
0	0－0 0－0	0
川　田	GK	河　田
柳		小　柳
田　代		今　津
溝　渕		メンデ
黒　崎		内　田
佐　藤		新　井
岩　間		山　田
森		武　田
榊		松　田
矢　野		泉　沢
大　﨑		ドゥド
(3・4・3)		(4・3・3)
6	SH	9
3	CK	2
13	FK	14
0	PK	0

○交代
【栃】西谷(後29分、岩間)
大島(後29分、大﨑)
瀬川(後35分、溝渕)
エスク(後35分、榊)
【甲】山本(後38分、山田)
金園(後38分、泉沢)

栃木SC × ヴァンフォーレ甲府

仕留めきれずに無念のドロー

ヴァンフォーレ甲府と0-0で引き分けた。FW大﨑淳矢が21試合ぶり、GK川田修平が9試合ぶりに先発出場。前半序盤は積極的なプレスで主導権を握り、12分にMF森俊貴がミドルシュートを放つも枠外に。14分にはFKのこぼれ球をDF柳育崇が頭で合わせたがGK正面と好機を生かせず。後半も一進一退の攻防となり、両者決め手を欠いてドローに終わった。

第31節 11月4日(水)

長野県サンプロアルウィン＝3296人

松本山雅FC × 栃木SC

またも決定力不足で無得点

松本山雅FCと0-0の引き分け。FW明本考浩がケガから復帰し、FWエスクデロ競飛王が5試合ぶりに先発出場した。前半立ち上がりからMF岩間雄大、明本らが積極的にゴールを狙うも無得点で折り返し。後半は相手の鋭い攻めにDF黒﨑隼人、DF柳育崇らが体を張った守りで対抗。前後半で相手の2倍の16本のシュートを放ちながらも無得点に終わった。

松本		栃木
7勝12分け12敗(33)		11勝10分け10敗(43)
0	0-0 0-0	0
村山	GK	川田
大野		柳
橋内		田代
常田		溝渕
中美		黒﨑
鈴木		岩間
アウグ		西谷
佐藤		山本
塚川		エスク
米原		明本
韓勇太		森
(4・5・1)		(4・3・3)
8	SH	16
2	CK	9
10	FK	17
0	PK	0

○交代
【松】杉本(後1分、鈴木)
前(後1分、佐藤)
浦田(後8分、アウグ)
阪野(後13分、韓勇太)
【栃】大島(後22分、エスク)
榊(後27分、山本)
矢野(後27分、明本)
瀬川(後39分、溝渕)
佐藤(後39分、岩間)

第32節 11月8日(日)

栃木県グリーンスタジアム＝2548人

栃木SC × 京都サンガF.C.

鉄壁の守備が光り3戦ぶりの勝利

京都サンガF.C.を1-0で下し、3試合ぶりの白星を挙げた。前半は、トップ下のFWエスクデロ競飛王を起点に攻撃をかけたが、決定力を欠き無得点で折り返し。後半も積極的なプレスで主導権を握り、21分、途中出場のFW榊翔太からワンタッチパスを受けたFW明本考浩がチームとして3試合ぶりの得点となる先制ゴールを決めた。その後の相手の反撃をGK川田修平の好セーブなどでしのぎ、リードを守り抜いた。

栃木		京都
12勝10分け10敗(46)		13勝8分け11敗(47)
1	0-0 1-0	0
川田	GK	清水
柳		飯田
田代		黒木恭
溝渕		本多
黒﨑		安藤
佐藤		バイス
西谷		庄司
森		曽根田
大島		仙頭
明本		川崎
エスク		ウタカ
(3・4・3)		(5・4・1)
12	SH	16
4	CK	5
5	FK	13
0	PK	0

○得点
【栃】明本⑤
○交代
【栃】榊(後20分、エスク)
瀬川(後30分、溝渕)
山本(後30分、大島)
岩間(後39分、佐藤)
矢野(後39分、明本)
【京】荒木(後30分、黒木恭)
谷内田(後30分、曽根田)
福岡(後34分、川崎)
野田(後45分、飯田)

第33節 11月11日(水)

徳島県鳴門・大塚スポーツパークポカリスエットスタジアム＝2124人

徳島ヴォルティス × 栃木SC

序盤に逸機、流れ手放して完敗

首位を走る徳島ヴォルティスに0-2と完敗を喫した。矢野貴章、大崎淳矢の両FWが3試合ぶりに先発出場。序盤は押し気味にゲームを進めたが、前半18分のDF溝渕雄志のシュートは相手GKに阻まれ得点ならず。後半は劣勢が続き、8分、相手FWにドリブルでペナルティーエリアへの侵入を許し、オウンゴールで先制点を献上。30分にはカウンター攻撃から相手ＦＷに追加点を奪われた。

徳 島		栃 木
20勝8分け5敗(68)		12勝10分け11敗(46)
2	0-0 2-0	0
上福元	GK	川 田
福 岡		柳
内 田		田 代
ジエゴ		溝 渕
岩 尾		黒 﨑
小 西		岩 間
藤 田		禹相皓
西 谷		森
杉 森		大 﨑
渡 井		矢 野
河 田		明 本
(3・4・3)		(3・4・3)
11	SH	5
2	CK	2
16	FK	4
0	PK	0

○得点
【徳】OG、垣田⑬
○交代
【徳】岸本(後1分、ジエゴ)石井(後17分、内田)田向(後17分、藤田)垣田(後26分、河田)鈴木(後38分、杉森)
【栃】瀬川(後15分、黒﨑)西谷(後15分、禹相皓)山本(後19分、大﨑)大島(後36分、溝渕)榊(後36分、矢野)

第34節 11月15日(日)

福岡県ミクニワールドスタジアム＝3001人

ギラヴァンツ北九州 × 栃木SC

好機を逃し完封負け喫す

ギラヴァンツ北九州に0-1で敗れた。前節からダブルボランチを入れ替え、西谷優希と佐藤祥が先発。前半はボール争いで優位に立ったが、後半は一転、押し込まれる展開に。2分、相手FWに頭で押し込まれ先制点を献上した。19分にFW矢野貴章ら3人を一気に投入して局面打開を狙ったが、FW明本考浩、DF瀬川和樹のシュートは得点には結びつかなかった。

北九州		栃 木
17勝5分け12敗(56)		12勝10分け12敗(46)
1	0-0 1-0	0
永 井	GK	川 田
福 森		柳
村 松		田 代
藤 原		溝 渕
生 駒		黒 﨑
高橋大		大 﨑
国 分		佐 藤
針 谷		西 谷
椿		エスク
ディサ		明 本
鈴 木		森
(4・4・2)		(3・4・3)
8	SH	8
8	CK	8
14	FK	9
0	PK	0

○得点
【北】鈴木④
○交代
【北】町野(前28分、ディサ)加藤(後23分、国分)新垣(後23分、椿)河野(後46分、高橋大)佐藤亮(後46分、鈴木)
【栃】大島(前19分、大﨑)瀬川(後19分、溝渕)岩間(後19分、西谷)矢野(後19分、エスク)榊(後47分、大島)

第35節 11月21日(土)

栃木県グリーンスタジアム＝2861人

水戸		栃木
13勝9分け13敗(48)		12勝10分け13敗(46)
3	1－1 2－0	1
牲川	GK	川田
岸田		柳
ンドカ		田代
住吉		瀬川
奥田		黒﨑
平野		佐藤
平塚		岩間
前嶋		山本
山口		榊
山田		明本
中山仁		森
(3・6・1)		(3・4・3)
11	SH	11
5	CK	4
12	FK	11
0	PK	1

○得点
【水】奥田④　山口⑭　前嶋④
【栃】明本(PK)⑥
○交代
【栃】矢野(後1分、榊)
大島(後26分、山本)
西谷(後35分、佐藤)
平岡(後39分、瀬川)
エスク(後39分、岩間)
【水】細川(前39分、岸田)
森(後28分、山田)
深堀(後28分、中山仁)
安東(後42分、奥田)
アレフ(後42分、山口)

水戸ホーリーホック × 栃木SC

決定機フイ、ミスきっかけに完敗

水戸ホーリーホックに1-3と敗れた。前半3分にこぼれ球を押し込まれ先制を許したが、22分、左サイドでパスを受けたMF森俊貴のクロスが相手DFのハンドを誘い、PKを獲得。これをFW明本考浩が決めて同点に追い付く。後半開始からFW矢野貴章を投入し、攻撃が活性化。しかし、決定機を生かせないまま、33分に相手シュートがGK川田修平の股をすり抜け勝ち越し点を献上。さらに40分にCKから3失点目を喫して万事休した。

第36節 11月25日(水)

岡山県シティライトスタジアム＝1909人

栃木SC × ファジアーノ岡山

矢野が決勝弾、逆転勝利で連敗止める

ファジアーノ岡山に3-2と逆転勝ちを収め、連敗を3で止めた。GK塩田仁史が29試合ぶりに先発。前半15分に相手MFに芸術的なシュートを決められ先制点を献上したが、後半16分、途中出場の有馬幸太郎のゴールで同点。31分に再び勝ち越しを許したものの、34分に右CKをDF田代雅也が頭で押し込んで再び同点に。さらに42分には途中出場のFW矢野貴章が左足から勝ち越しゴールを決めた。

栃木		岡山
13勝10分け13敗(49)		11勝11分け14敗(44)
3	0－1 3－1	2
塩田	GK	ポープ
黒﨑		椋原
柳		阿部
田代		田中
山本		徳元
岩間		斉藤
西谷		関戸
溝渕		パウリ
エスク		上門
明本		李勇載
森		赤嶺
(3・4・3)		(4・4・2)
11	SH	10
3	CK	6
6	FK	16
0	PK	0

○得点
【栃】有馬①
田代②
矢野④
【岡】上門⑥
清水③
○交代
【岡】清水(後19分、赤嶺)
上田(後29分、関戸)
山本(後29分、李勇載)
福元(後45分、斉藤)
【栃】有馬(後10分、山本)
佐藤(後10分、岩間)
瀬川(後26分、溝渕)
矢野(後26分、エスク)
大島(後36分、西谷)

第37節 11月29日(日)

栃木県グリーンスタジアム＝2296人

栃木SC × レノファ山口FC

明本、矢野のゴールで快勝

レノファ山口FCに2-0と快勝した。FW大島康樹が5試合ぶりに先発し、序盤から前線にロングボールを配するシンプルな攻撃を展開。前半は0-0で折り返したが、後半7分、中央エリアで得たFKからDFラインの背後でボールを収めたFW明本考浩がそのままゴール左隅へ流し込んで先制。35分には、カウンターで抜け出した明本からパスを得たFW矢野貴章がゴール右隅に蹴り込み決定的な2点目を挙げた。

栃木		山口
14勝10分け13敗(52)		7勝6分け24敗(27)
2	0-0 2-0	0
塩田	GK	吉満
黒﨑		真鍋
柳		サンド
田代		ヘナン
森		川井
佐藤		高
西谷		田中陸
溝渕		清水
大島		森
エスク		イウリ
明本		高井
(3・4・3)		(3・4・3)
8	SH	9
4	CK	6
13	FK	14
0	PK	0

○得点
【栃】明本⑦　矢野⑤
○交代
【栃】岩間(後14分、西谷)
矢野(後14分、エスク)
瀬川(後28分、溝渕)
山本(後28分、大島)
有馬(後47分、森)
【口】吉浜(後17分、田中陸)
小松(後33分、イウリ)
浮田(後33分、高井)
ヘニキ(後42分、川井)
田中パ(後42分、清水)

第38節 12月2日(水)

新潟県デンカビッグスワンスタジアム＝4109人

アルビレックス新潟 × 栃木SC

終了間際の失点で3連勝ならず

アルビレックス新潟と2-2で引き分けた。序盤から攻守の切り替えの早さで上回ったが、徐々にハイプレスをかまされるようになり、前半41分に右からのグラウンダーのクロスを相手MFに合わされ先制点を献上。後半2分、FW山本廉のシュートを相手GKがはじいたところにFW矢野貴章が詰めて同点。その4分後にMF森俊貴のゴールで勝ち越しに成功したものの、ロスタイムに同点ゴールを許してしまった。

新潟		栃木
14勝15分け9敗(57)		14勝11分け13敗(53)
2	1-0 1-2	2
藤田	GK	塩田
田上		黒﨑
マウロ		髙杉
舞行龍		田代
早川		森
堀米		佐藤
島田		西谷
中島		溝渕
高木		山本
本間		明本
矢村		エスク
(4・5・1)		(3・4・3)
12	SH	12
5	CK	3
18	FK	11
0	PK	0

○得点
【新】中島⑤
シルビーニョ③
【栃】矢野⑥森⑤
○交代
【新】郭大世(後14分、田上)
シルビ(後14分、堀米)
荻原(後14分、中島)
大本(後30分、早川)
【栃】矢野(後1分、エスク)
大島(後20分、山本)
岩間(後34分、西谷)
瀬川(後34分、溝渕)
有馬(後48分、森)

第39節　12月6日(日)

栃木県グリーンスタジアム＝3345人

栃　木		群　馬
14勝12分け13敗(54)		12勝4分け23敗(40)
2	0－1 2－1	2

川　田	GK	松　原
黒　﨑		飯　野
柳		岡　村
田　代		川　上
森		船　津
佐　藤		田　中
岩　間		岩　上
溝　渕		内　田
有　馬		加　藤
明　本		青　木
エスク		大　前
(3・4・3)		(4・4・2)

14	SH	14
8	CK	8
5	FK	9
0	PK	0

○得点
【栃】岩間①　山本②
【群】大前⑧　宮阪③
○交代
【栃】矢野(後1分、明本)
瀬川(後12分、溝渕)
山本(後12分、エスク)
西谷(後37分、有馬)
菅(後46分、森)
【群】平尾(後16分、飯野)
白石(後31分、田中)
宮阪(後31分、内田)
林(後31分、青木)
渡辺(後49分、加藤)

栃木SC × ザスパクサツ群馬

またも土壇場で失点、痛恨のドロー

ザスパクサツ群馬と2-2の引き分け。FW有馬幸太郎が16試合ぶりに先発し、DF菅和範が今季初のベンチ入りとなった。序盤から相手に押し込まれ、前半30分にペナルティエリア手前からのFKを直接決められ先制点を献上。後半7分にMF岩間雄大のミドルシュートで同点とし、14分には有馬のポストプレーからMF山本廉が勝ち越しゴールを決めた。しかし、45分にクロスのこぼれ球を押し込まれ土壇場で追い付かれてしまった。

第40節　12月13日(日)

石川県西部緑地公園陸上競技場＝2237人

ツエーゲン金沢 × 栃木SC

勝ち切れず3戦連続のドロー

ツエーゲン金沢と1-1の引き分け。FW矢野貴章が7試合ぶりに先発出場。前半1分、ロングボールのこぼれ球を拾った相手FWにミドルシュートを決められ先制点を許したが、5分に右CKをニアサイドのDF田代雅也が頭で押し込んで同点に追い付いた。後半は矢野、DF黒﨑隼人らがシュートを放つも決まらず。終了間際のFW大島康樹のシュートも不発に終わり、勝ち越しはならなかった。

金　沢		栃　木
12勝12分け16敗(48)		14勝13分け13敗(55)
1	1－1 0－0	1

白　井	GK	塩　田
高　安		黒　﨑
石　尾		柳
広　井		田　代
渡　辺		森
島　津		佐　藤
大　橋		岩　間
藤　村		溝　渕
ホドル		山　本
山　根		矢　野
加　藤		明　本
(4・4・2)		(3・4・3)

8	SH	8
9	CK	9
13	FK	9
0	PK	0

○得点
【金】山根③
【栃】田代③
○交代
【金】作田(後1分、広井)
大石(後33分、島津)
杉浦恭(後33分、山根)
本塚(後45分、ホドル)
【栃】瀬川(後35分、溝渕)
大島(後41分、山本)
有馬(後半49分、明本)

第41節 12月16日(水)

栃木県カンセキスタジアムとちぎ＝4486人

栃木SC × ジェフユナイテッド千葉

柳の値千金ヘッドで4戦ぶり白星

ジェフユナイテッド千葉を1－0で振り切り、4試合ぶりの白星を飾った。前半から激しく攻め立てペースを握り、後半22分、MF西谷優希のクロスをDF柳育崇が頭で押し込み先制。以降は一気に3選手を交代した相手の反撃を受けたが、残り10分に4バックから5バックにシステムを変更して対抗。交代カードを積極的に切ることでそのままリードを守り切った。

栃 木		千 葉
15勝13分け13敗(58)		14勝8分け19敗(50)
1	0－0 1－0	0
塩 田	GK	新井章
黒 﨑		ゲリア
柳		新井一
田 代		鳥 海
大 島		下 平
岩 間		小 島
山 本		高 橋
森		矢 田
明 本		為 田
矢 野		工 藤
エスク		川 又
(3・4・3)		(4・5・1)
9	SH	6
2	CK	2
16	FK	21
0	PK	0

○得点

【栃】柳⑥

○交代

【栃】西谷(前26分、エスク)
瀬川(後36分、大島)
髙杉(後36分、山本)
有馬(後48分、明本)
小堀(後48分、矢野)
【千】アラビ(後27分、矢田)
米倉(後27分、為田)
山下(後27分、工藤)
佐藤寿(後33分、川又)

第42節 12月20日(日)

栃木県カンセキスタジアムとちぎ＝1076人

ジュビロ磐田 × 栃木SC

奮戦及ばず有終の美飾れず

ジュビロ磐田に1－2で敗退。前半は徐々に相手ペースとなり、29分、シュートのこぼれ球を相手MFに押し込まれ先制を許した。後半も劣勢の展開は変わらず、30分には右クロスを相手FWに頭で合され2失点目を献上した。終盤はDF柳育崇を前線に上げたパワープレーで攻め込み、ロスタイムにロングボールのこぼれ球を拾ったFW矢野貴章がゴールを決めて一矢報いたが、反撃もそこまでだった。

磐 田		栃 木
16勝15分け11敗(63)		15勝13分け14敗(58)
2	1－0 1－1	1
八 田	GK	塩 田
大 井		黒 﨑
中 川		柳
小川大		田 代
山本義		山 本
上 原		佐 藤
大 森		岩 間
山 田		溝 渕
松 本		森
山本康		矢 野
藤 川		明 本
(4・6・0)		(3・4・3)
11	SH	11
5	CK	3
16	FK	13
0	PK	0

○得点

【磐】松本②
藤川②
【栃】矢野⑦

○交代

【栃】西谷(後1分、佐藤)
大島(後1分、溝渕)
榊(後31分、山本)
有馬(後36分、岩間)
髙杉(後41分、森)
【磐】小川航(後22分、大森)
鈴木(後35分、大井)
清田(後44分、松本)
三木(後44分、藤川)

コロナ禍1年目における手応えと課題は何か？

コロナ禍に巻き込まれた2020年は入場料収入やグッズ関連収入が大幅減少となる中、厳しいコストコントロールによって何とか切り抜けた。だがすぐにコロナ禍2年目となる2021年シーズンがやってくる。クラブはこの状況をどう乗り越えようとしているのか。橋本大輔代表取締役社長と江藤美帆マーケティング戦略部長に語ってもらった。

マーケティング戦略部長

江藤美帆

MIHO ETO

えとう　みほ

栃木SCマーケティング戦略部長。
18年5月に入社し、現職に。クラブのマーケティングを担当。同時にデジタル化を推進し、コロナ禍においても選手のSNS活用やYouTube配信などを柔軟に交えるなど、クラブのオンライン戦略を主導する。

カンセキスタジアムでの最終節で動員1万人超え

――2020年シーズンはコロナ禍の影響でクラブ経営は本当に大変だったと思いますが、その中で最終節のジュビロ磐田戦はカンセキスタジアムとちぎ（以下、カンセキスタジアム）でのオープン2試合目ということもあり、観客動員が1万人の大台を突破したことは明るいニュースでした。2021シーズンはカンセキスタジアムでの試合も増える見込みとのことですが、まず開催した際の手応えなどからお話を聞かせていただけますか。

橋本　コロナ禍において観客数を制限しないといけないなかで、初めてのスタジアム、そして全席指定席として開催してみたのですが、チケット担当がかなり努力してくれた成果もあり、1万人の大台を突破することができました。

江藤　カンセキスタジアムでの初戦となった千葉戦は平日ナイターで氷点下を記録したこともあり、予想していたものよりも2千人ほど少なかったので、それを受けた最後の磐田戦にどれだけの方が来場されるのか読めないところもありました。ただ、試合開催前の感触が全然違ったんです。今までは自治会招待という枠で招待券を募っても募集する数が埋まることはほぼなかったのですが、すぐに千人の上限が埋まってしまったんです。

――やはり、新スタジアム効果が大きいですか？

江藤　そうでしょうね。今回、自治会の招待、それとスタジアム周辺の西川田地区にポスティングを実施したときの反響は大きいものでした。西川田地区の方々からすればカンセキスタジアムでの試合開催は待ち焦がれていたのだろうと思います。

橋本　スタジアムオープンとはこういうことなんだなと。明らかに初観戦と思われる方々から問い合わせも多かったし、実際に初めてご来場頂いた方も非常に多かった。クラブとしては運営に関して今回気づいたことを来季に活かせそうです。

――反応はどうだったのでしょう。

江藤　SNSでは8割くらいはポジティブでしたね。もちろん「グリスタよりもピッチが遠い」という反応もありましたが。

橋本　逆の反応も多かったですよね。「もっとピッチが遠いと思っていた」という声もあったし、傾斜にある程度角度があるので「思っているより見やすい」という声もありました。2階席は（サッカー専用スタジアムの）さいたまスタジアムの2階席とピッチまでの距離が変わらないと以前説明を受けました。

江藤　2階席のほうが見やすいので、来シーズンは基本的にメインスタンドだけ2階席を開けようかなと検討しているところです。

――カンセキスタジアムでやるときのメリットは何でしょう。

江藤　トイレなどの設備面の充実ですね。あとは公共交通機関で来られることです。最終節の磐田戦ではかなりの方が東武線を使われていました。

橋本　グリスタ開催のときは気づかなかったのですが、宇都宮駅発のシャトルバスは宇都宮駅を出発してグリスタ直行なので、その間に住んでいる方々はバスに乗れないんですよね。それがカンセキスタジアムの場合は宇都宮駅発、雀宮駅発、東武宇都宮駅発があり、その沿線の方たちは公共交通機関で来場できるので選択肢が増えるんです。もちろん車で来られる方も多いのですが、1万人を少し超える程度の観客数であれば、大きなイベントが重ならない限り、思ったよりもスムーズに開催できるという感触は得ました。もちろんまだまだ課題はあります。

――車の渋滞はそんなになかったですか？

江藤　思っているよりはなかったですね。

橋本　4月からあの辺りの駐車場はすべて有料になり、施設の各駐車場にはゲートが設置されると聞いています。そうなると、今後のお客さんの動き方も変わっていくと思います。

――来季はカンセキスタジアムのほうを多めに使用するという話もあります。

橋本　そう考えています。コロナ禍ではまず安全に試合運営ができることを考えなければいけないので、であればカンセキスタジアムのほうが感染対策をしながらも人を集めやすいという言い方ができると思います。もちろん費用のこともあるので、そこは収支のバランスを見ながら、また感染症の状況を考えながらということになります。

栃木SC 特別対談

橋本大輔 × 江藤美帆

TALK 対談 TALK

鈴木康浩・構成
栃木サッカークラブ、鈴木康浩・写真

代表取締役社長

橋本大輔

DAISUKE HASHIMOTO

はしもと　だいすけ

栃木SC代表取締役社長。チームがJ3に降格した直後の15年12月から現職。J2復帰後は観客動員の増加や事業規模拡大に努めてきたが、コロナ禍において大幅収入源となるなか経費節減などでクラブ経営を切り盛りする。2021年は「投資すべきは投資するフェーズに」とコロナ禍からの回復期を位置づける。

人気ユーチューバーとのコラボで新規層を獲得!?

――コロナ禍におけるクラブの舵取りについて伺いたいのですが、コロナ禍1年目で特筆すべきはリアルに交流するのが難しい状況下で、デジタル化を加速させたことが挙げられると思います。手応えはいかがでしょうか。

江藤　これまでクラブがやろうとすることは公共サービスに近い感覚もあり、なかなかネット化が進められないジレンマがありました。ただ、コロナ禍では密を避けるためにもデジタル化を進めざるを得ない状況があり、例えば、お年寄りの方にも、スマホを持っていない方にも「ご家族に協力してもらえますか？」というお願いをさせてもらって進めることができました。これまでの書面での申し込み関係やチケット販売などについてデジタル化が進められたのは大きな進歩だと思います。

橋本　本当にすごい進歩でしたよね。

江藤　例えば、営業なども訪問せずにZoomでやれるケースもあるので、それは大きいですよね。

橋本　もちろん県内の営業であれば極力は訪問するのですが、東京などの県外のスポンサーの方々にはZoomでの対応が「むしろ楽だしありがたい」と言っていただけるので、そこは大きく変化しました。デジタル化はクラブスタッフが急にやろうとしても対応できなかったと思いますが、江藤さんが入社されてからデジタル化を進めるなかでスタッフが慣れて、蓄積させてきた感覚が今回のコロナ禍で活きたと思います。

江藤　社内でのデジタル化はもう2年以上も進めてきたことなので、リモートワークに切り替わったときもみんなが普通にやれていました。リモートになるとスタッフそれぞれが何をやっているのか見えにくくなりがちですが、クラブ内でチャットを利用しているので、みんながやっていることが見えるので困らないんです。

橋本　そういうちょっとしたことが大きいんだと思います。

――一方、対外的な集客活動がなかなかしづらいなかで、YouTubeやTikTokなどを利用した新規層へのアプローチに手応えがあったそうですね。

江藤　ユーチューバーやVチューバーとのコラボはすごい反響がありましたね。ゲストに呼ばせてもらったVチューバーの方には2千人くらいファンが付いていたのですが、全然サッカーには興味がない人たちが、栃木SCを知って興味を持ってくれるという感触はありました。今までSNSでの発信は既存のファン・サポーターにしか届きづらいものだったので、力を入れても新たな層に広がっていかないなあという感覚があったのですが、YouTubeでのコラボはすごいなと。

――新たな層にアプローチできたというわけですね。

江藤　YouTubeでコラボをした

江藤 美帆

なぜ栃木SCなのか。なぜサッカーなのか。そこをもう少し突き詰めて考えないと生き残れないのかなと思っています。

ときの回を分析すると、そこには栃木に住んでいる子たちもいるんです。TikTokのコメントを見ても「俺、昔トチエスと対戦したことあるよ」といったコメントもありました。栃木でも10代のサッカー少年たちがTikTokやYouTubeをよく見ているので、その若い層に対して栃木SCの認知度を広げられるのはすごいなと。TikTokはタイムラインにおススメ動画が流れる仕組みなので、栃木SCに興味関心がない新規層にもアプローチできるんです。試験的にTikTokにプレゼント企画を流してみたら栃木SCのファンでもない10代の子が応募してきてくれることがありました。やはり、既存ファンではない層が見ているんだなと。

――明本選手と柳選手が楽しく踊っている動画ですね。

江藤　そうです。プレゼントをもらうためには応募フォームからJリーグIDを取ることで応募できるという流れにすると、応募者の個人情報が取れるので、それらを見てみると栃木の10代から20代前半の学生さんたちが見ているのがわかったということですね。

――若年層へのアプローチは各Jクラブの課題ですからね。ちなみに栃木SCの場合はまだ男性ファンの方が多いのですか?

江藤　まだ男性が多いですね。

橋本　以前のリサーチでは栃木SCの場合、Jリーグクラブの平均よりも女性のお客さんが10%ほど少なかったんですよね。

江藤　今も少ないのですが、それもカンセキスタジアムで開催するようになれば女性ファンも増えていくと見ています。やはりトイレや設備が綺麗だし、屋根があるので雨が降っても凌げます。だったら子どもを連れていきやすいですし、近くに遊園地もありますからね。女性にとってはかなり行きやすいスタジアムだと思います。

橋本　サッカー観戦は実は女性にあまり優しくないなと以前から感じていました。夏の日差しなどは気にされるところだと思うので。

江藤　カンセキスタジアムであればハイヒールを履いて行っても大丈夫だと思います。デーゲームであれば、試合後にどこかに足を運んで楽しむ時間もまだありますからね。もちろん、グリスタにも良さはあるけれど、カンセキスタジアムの充実した設備は大きな魅力だと思います。

橋本　トイレの中の照明もすごく明

るいので、視覚的な要素としてすごい重要だと思いますね。

——スタジアムの照明もLEDを使っているから明るいんですよね。

橋本　そうなんです。グリスタはJリーグの規定のギリギリの明るさだからちょっと暗い…という話を聞いたことがあります。

——照明の明るさによって気持ちも変わるのかもしれない（笑）。

橋本　LEDのライトの特性もあると思いますね。

江藤　カンセキスタジアムでの試合は華やかだなあと感じましたし、そういう声も多かったみたいです。

橋本　シーズン終了に、栃木県知事にご挨拶に行ったときに、同席した森俊貴が「あの（カンセキスタジアムの）ライトは見やすいです」という話をしていたんです。他のスタジアムでは上にあがったボールが見えなくなることもあるらしくて。

橋本 大輔

これまでの栃木SCは
どういう考え方をしてきたのか。
どういう考え方をしてきたから
生き残れることができたのか。

地方クラブにおける選手の広告価値を上げる

——なるほど。話を戻しますが、新規層を発掘するという意味では、端整な顔立ちの選手が多いことは新たな女性層の獲得に繋がるという意見もあります。とある動画でV・ファーレン長崎の女性のコールリーダーが「新たな女性ファンを獲得するときの誘い文句はイケメン」だと真面目に語っていました。

江藤　以前、ガールズデーを開催したときのことですが、みんなマッチデープログラムを頼りに、練習している風景を見ながらイケメンの選手を探していました（笑）。「私は何番（のお気に入りの選手を）を応援しようかな?」と最初に決めてから応援するんですよね。

橋本　今の栃木SCは今時の顔の子が多くなっている気が。

——来季、名古屋から加入する東ジョン選手も端整な顔の持ち主ですね。

江藤　まあ、たまたまだと思いますが、強化部長の山口慶さんは以前「そういう部分も大事だ」と言っていたので、少しは意識していると思うんです。

橋本　実力が同じくらいだったらイケメンを選んでいるかもしれないです（笑）。

江藤　顔もそうですが、個人として愛されるキャラクターの選手はたくさんいた方がいいと思いますね。

——地方クラブの選手たちは地域のファン・サポーターへの影響が大きいと思います。コロナ禍において、選手たちにSNSを使った活動もお願いもしていたのでは。

江藤　コロナによる自粛で中断期間に入ったときにクラブとしてTikTokやYouTubeを始めようとしていたので、選手たちに改めて「SNSは活用したほうがいいですよ」とお伝えしたことがあります。田坂監督や選手たちに登場してもらった2019年シーズンのプレイバックだったり、TikTokに出演してもらったり、コロナ禍という状況を理解し、かなり積極的にやってくださいました。お願いをして嫌な顔をされることは一度もなかったですね。

——瀬川選手の「一人ファン感」「一人スポンサーパーティ」「筋肉スポンサー」などは個人で考えてやってくれたのですか?

橋本　そうですね。個人で考えて発信してくれる選手もいるし、今季所属した選手たちはみんな協力的でした。コロナ禍の自粛期間中にお客さんを呼べないなかで、自分たちが誰に支えられているのかを含めて改めて考える時間になったと思います。

江藤　SNSのエンゲージメントで考えると、例えば、菅和範選手（2020年限りで引退）は9年間も栃木にいるのでSNSのフォロワーは栃木絡みが多くて、ターゲットがはっきりしているんです。彼自身に媒体価値があるので、そういう選手が何人もいるのは理想だなと。一方で、選手は移籍してしまうので、他クラブでは移籍しないマスコットを広告媒体にすることもあります。でも、選手が何かをしてくれるのは大きいです。ファン心理としてはクラブも選手も応援しているし、選手が

「これはいいですよ」といったときの影響はありますね。

――菅選手は引退後のキャリ過形成はこれからですが、栃木界隈での影響力を踏まえると将来的に市議、そして先に市長なんて展望も。

橋本　ああ、なるほど。そういう道もありますね。

――市長になってもらって「クラブハウスが」「スタジアムが」と先頭に立ってやってもらう。どうでしょう。

江藤　それはいいかもしれない、そうしましょう（笑）。

橋本　クラブで担いでみますか（笑）。

江藤　元Ｊリーガーで市議になられた方が他クラブにはいますよね。元大分トリニータの高松大樹さん（現大分市議）とか。

――浦和レッズでＧＫとして活躍した都築龍太さんは現在さいたま市議ですね。あとはサンフレッチェ広島でスタジアムＤＪだった石橋竜司さんが広島市議になられて、スタジアム新設に貢献したという話も聞きます。

橋本　栃木ＳＣもＪリーグで十年以上を過ごしてきたのだから、そろそろ一人くらいはそういう元選手がいてもいいですね。

フィロソフィーが浸透した今
より具体的なビジョン策定を

――来季はコロナ禍での２年目になりますが、来季はクラブとして「投資すべきは投資する」というスタンスだと聞きました。

橋本　幹部で話し合いをしている最中ですが、もう少し具体なビジョンを作り、ビジョンに対するアプローチの仕方をしっかり持っていたほうがいいと考えています。今はコロナ禍において何とか乗り越えているだけの状態なので、来季は計画に沿ったものを実行するフェーズにしたいんです。コロナがあったからこそ一度リセットして前進する。Ｊリーグは来季Ｊ１からの降格枠を４つにして来年の１年間で元どおりにするべく調整します。各クラブではそんな短期間で元にリセットするのは難しいと思いますが、クラブとして今後どうすべきかは明確に持っておくべきでしょう。あとは、我々が掲げるフィロソフィー『Ｋｅｅｐ Ｍｏｖｉｎｇ Ｆｏｒｗａｒｄ（どんなときも前進する、の意味）』を監督や選手たちが思っている以上に理解してくれているので、だからこそ、来季はその先のビジョンをもう少し作りたいなと。

――具体的に言うとどういうことでしょうか。

橋本　クラブがどこを目指すのか、どうありたいのか。例えば、Ｊ１昇格を目指すことを明確にするのか、地域に役に立てるクラブになるのか、とか。２００９年にＪ２に昇格したときは「５年でＪ１に行く」というビジョンはありましたがうまくいかず、その後は「育成型にする」というお題目こそありましたが具体的に進みませんでした。そうこうするうちにＪ３に降格し、私が社長に就任したあとは「とにかくＪ２に昇格すること」が第一でした。その後の目標は「スタジアムに１万人を集めて、経済活動を活性化させる。また、地域課題を解決できるようなクラブを目指す。」というビジョンがあったのですが、それもコロナ禍で取り組むことが難しくなってしまったというのが現在地です。だから今こそ改めて考えようと。

江藤　コロナ禍ではスポーツチームの経営が厳しくなり、今後必要ないところは淘汰され

栃木SC 特別対談

橋本大輔 対談 江藤美帆

るど思います。栃木SCは地域において必要なのか。何のために存在しているのか。サポーターも含めて見つめ直す時期になるのかなと思います。特に栃木の場合は宇都宮ブレックスが日本一になっていることもあり、栃木SCが「栃木の人たちを元気にする！」と謳ったところで「それはバスケがあるよね？」と捉えられてしまう可能性もあります。なぜ栃木SCなのか。なぜサッカーなのか。そこをもう少し突き詰めて考えないと生き残れないのかなと思っています。

橋本　ただ、カンセキスタジアムでの試合開催では、たとえスタジアムオープンとはいえ1万人以上の方々が来てくれたことに、クラブの存在意義を多少なりとも感じられました。サッカーを観て喜んでくださり、スタジアム場外の芝生でお弁当を食べたりしている光景がありましたが、あの風景こそが栃木SCの存在意義の一端だと思います。

――地域の方々が何気なく集まって楽しめる場所ですね。

橋本　カンセキスタジアムが自前のスタジアムならばクラブがやりたいように色々とできるのですが、現状ではなかなか難しい。そう考えると当面は河内（総合運動公園、クラブハウスの所在地）になると思っています。河内の施設を良くしていき、あそこを拠点にした街づくりができないか。そんな話を宇都宮市にも相談しています。そういう拠点作りも含めて、これまでの栃木SCはどういう考え方をしてきたのか。どういう考え方をしてきたから生き残れることができたのか。それらをもう一度改めて話し合い、これからのことを考えて決めていきたいと思っています。たとえば、J1を目指すにしても、市民クラブとしてJ1を目指すのか。資本を入れてJ1を目指すのか。地域とともに力強く一緒にJ1の山を登ると決めたならば、もっと選手たちが地域に浸透していかなければ、これ以上の広がりを作るのは難しいでしょう。その辺りについて、来季はしっかりと突き詰め、そこに共感してくれるファン・サポーター、スポンサーの皆さん、そして選手たちと一緒にやっていきたいなと思っているんです。

栃木SC
シーズンレビュー
TOCHIGI SC SEASON REVIEW
2020“不屈”

2021年1月30日　初版第1刷　発行

STAFF

編集・発行　下野新聞社
〒320-8686　栃木県宇都宮市昭和1-8-11
TEL.028-625-1160（編集出版部）FAX.028-625
https://www. shimotsuke.co.jp

ライター　鈴木康浩（栃木フットボールマガジン主宰）
伊藤　慧（下野新聞社　運動部）

フォトグラファー　下野新聞
写真映像部　福田　守
近藤　文則
杉浦　崇仁
菊地　政勝
柴田　大輔
橋本　裕太
石塚　万知

写真提供：栃木SC

アートディレクター　宇梶敏子（Teetz）

デザイナー　大橋敏明（スタジオオオハシ制作）

流通・販売担当　斎藤晴彦（下野新聞社 編集出版部）

印刷・製本　株式会社　井上総合印刷